Heimische

SUPER FOODS

Dr. Barbara Rias-Bucher

Heimische SUPER FOODS

- Natürliche Lebensmittel und ihre positive Wirkung
- Gesundes vom Markt und aus eigenem Anbau
- Über 90 Rezepte mit regionalen Zutaten

man kau

Impressum

Bibliografische Information der Deutschen Nationalbibliothek
Die Deutsche Nationalbibliothek verzeichnet diese Publikation in der Deutschen Nationalbibliografie; detaillierte bibliografische Daten sind im Internet über http://dnb.d-nb.de abrufbar.

Dr. Barbara Rias-Bucher
Heimische Superfoods
– Natürliche Lebensmittel und ihre positive Wirkung
– Gesundes vom Markt und aus eigenem Anbau
– Über 90 Rezepte mit regionalen Zutaten
1. Auflage August 2015
ISBN 978-3-86374-240-9

Mankau Verlag GmbH
Postfach 13 22, D – 82413 Murnau a. Staffelsee
Im Netz: www.mankau-verlag.de
Internetforum: www.mankau-verlag.de/forum

Lektorat: Josef K. Pöllath, Dachau
Endkorrektorat: Susanne Langer M. A., Traunstein
Cover/Umschlag: Andrea Barth, Guter Punkt GmbH & Co. KG, München
Layout und Satz: Lydia Kühn, Aix-en-Provence, Frankreich
Energ. Beratung: Gerhard Albustin, Raum & Form, Winhöring

Bildnachweis: Nmedia - Fotolia.com (5ol, 20/21); olesyk - Fotolia.com (5or,68/69, 170); lilechka75 - Fotolia.com (5u, 73); fahrwasser - Fotolia.com (6ol, 6ul, 27, 32, 36, 48, 65, 83, 95, 100/101, 105, 113, 137, 147, 192); juefraphoto - Fotolia.com (6or, 126/127); Marco Mayer - Fotolia.com (6ur, 139); exclusive-design - Fotolia.com (7ol, 154, 156/157); ehaurylik - Fotolia.com (7or, 176/177); MarinaParshina - Fotolia.com (7ul, 175); seralex - Fotolia.com (8/9, 19); Lsantilli - Fotolia.com (11); Alexander Potapov - Fotolia.com (12, 13); Anatolii - Fotolia.com (14); Paulista - Fotolia.com (17); tom asz - Fotolia.com (18, 161); mates - Fotolia.com (22); Rias-Bucher (23, 30, 31, 49, 52, 58/59, 63, 74, 88, 96, 98, 106, 143, 181, 187, 209, 214, 219); anna_shepulova - Fotolia.com (24); adam88xx - Fotolia.com (25); PicciaNeri - Fotolia.com (26, 103, 145); zaziedanslacuisine - Fotolia.com (29, 40, 43, 47, 51, 54, 62, 133, 182); zoryanchik - Fotolia.com (35); Belaya Katerina - Fotolia.com (37); fotografiche.eu - Fotolia.com (39); zia_shusha - Fotolia.com (41); jillchen - Fotolia.com (45, 57); Brent Hofacker - Fotolia.com (53); lucky elephant - Fotolia.com (60, 149, 191, 196, 200, 204); kitchenkiss.de - Fotolia.com (67, 78); margo555 - Fotolia.com (71, 75); marcoemilio - Fotolia.com (72); Dar1930 - Fotolia.com (77); Natika - Fotolia.com (80o); denira - Fotolia.com (80u); Africa Studio - Fotolia.com (81); larik_malasha - Fotolia.com (85); S.E. shooting - Fotolia.com (87, 153); FPWing - Fotolia.com (90); Silvia Bogdanski - Fotolia.com (91); nata_vkusidey - Fotolia.com (92); ExQuisine - Fotolia.com (108); Johanna Mühlbauer - Fotolia.com (109); sutsaiy - Fotolia.com (110); zi3000 - Fotolia.com (114, 188); Christian Fischer - Fotolia.com (116); Viktorija - Fotolia.com (117); Ramon Grosso - Fotolia.com (119); goodween123 - Fotolia.com (120); teleginatania - Fotolia.com (122); marrakeshh - Fotolia.com (125); nipaporn - Fotolia.com (129); denio109 - Fotolia.com (130, 131); sgabby2001 - Fotolia.com (135); fredredhat - Fotolia.com (141); tycoon101 - Fotolia.com (151); Mara Zemgaliete - Fotolia.com (159); koss13 - Fotolia.com (162, 163); K.T.T. - Fotolia.com (165); arthaudphil - Fotolia.com (166); emmi - Fotolia.com (167); karepa - Fotolia.com (169); pieropoma - Fotolia.com (173); K.- P. Adler - Fotolia.com (178); bergamont - Fotolia.com (179); Anatolii - Fotolia.com (180o); nuttapongg - Fotolia.com (180u); annapustynnikova - Fotolia.com (183); Titarenko - Fotolia.com (184); zoryanchik - Fotolia.com (186, 207); sarsmis - Fotolia.com (195); serbogachuk - Fotolia.com (197); saharisha - Fotolia.com (199); bulashenko - Fotolia.com (202); photocrew - Fotolia.com (205); Lilyana Vynogradova - Fotolia.com (211); yvoneisenstein - Fotolia.com (213); Kati Molin - Fotolia.com (217)

Druck: Westermann Druck Zwickau GmbH, Zwickau/Sachsen

MIX Papier aus verantwortungsvollen Quellen FSC® C110508

Hinweis für die Leser:
Die Autorin hat bei der Erstellung dieses Buches Informationen und Ratschläge mit Sorgfalt recherchiert und geprüft, dennoch erfolgen alle Angaben ohne Gewähr. Verlag und Autorin können keinerlei Haftung für etwaige Schäden oder Nachteile übernehmen, die sich aus der praktischen Umsetzung der in diesem Buch vorgestellten Anwendungen und Rezepte ergeben. Bitte respektieren Sie die Grenzen der Selbstbehandlung und suchen Sie bei Erkrankungen einen erfahrenen Arzt oder Heilpraktiker auf.

Inhalt

FARBEN ESSEN

BAKTERIEN FÜTTERN

Wie sieht es aus mit Ihren Stärkepäckchen? Mehr dazu ab Seite 70.

Inhalt

AROMA GENIESSEN

EIWEISS SICHERN

Schon mal in einen Thymiankeks gebissen? Zum Nachbacken auf Seite 104!

Natürlich lecker und raffiniert: die »Radicchiohappen« von Seite 138.

GUTES FETT

Der »Super-Squash« mit dem Superfood Kokos!

NATÜRLICH SÜSSEN

ÜBER DIESES BUCH

Superfoods liegen im Trend, und über jeden neuen Star kursiert eine wahre Flut wundersamer Geschichten und sensationeller Berichte. Einiges davon gehört zu den Ernährungsmärchen, manches ist bedenkenswert, und um vieles kümmert sich mittlerweile auch die Wissenschaft sehr intensiv.

So spannend ich die wachsenden Erkenntnisse zur Wirksamkeit von Superfoods finde – beim Essen will ich nicht ständig über Biofunktionalität nachdenken. Mir geht es um ganzheitliche Ernährung, nicht ums Rauspicken verschiedener, angeblich supertoller Wirkstoffe, die Mutter Natur mal in eine rote Beere, mal in eine grüne Alge, mal in eine pralle Exotenfrucht gepackt hat. Richtiges Superfood bedeutet für mich die zeitgemäße Form der Ernährung: Genuss bei jedem Essen, bewusste Auswahl der Lebensmittel, die uns fröhlich stimmen und so behaglich satt machen wie Säuglinge. Da kneift und zwickt nichts, und selbst der diskrete Rülpser nach der schönen Mahlzeit drückt nur Zufriedenheit aus.

Ich habe dieses Buch nach meinen eigenen Vorlieben aufgebaut – ich gestehe es am besten gleich: Sie finden darin eine ganze Fülle von Rezepten mit Gemüse, Obst und Kräutern. Denn ich ernähre mich seit knapp drei Jahrzehnten vorwiegend, aber nicht rein vegetarisch. Sie finden grundlegende Informationen zu Superfoods. Weil ich dieses Thema nicht nur interessant, sondern auch ausnehmend wichtig finde – für unser eigenes Wohlbefinden und für die Achtsamkeit der Natur gegenüber. Je mehr wir über Bio-Aktivstoffe wissen, desto mehr wird uns auch die Pflanze zum lebendigen Gegenüber, das wir verstehen und achten können. Wenn wir wissen, dass Dost und Rosmarin Gerbstoffe bilden, um sich Fressfeinde vom Pflanzenleib zu halten, freuen wir uns, dass auch wir diese Stoffe nutzen dürfen, wenn es nach üppigem Essen im Bauch rumort. Wer begreift, dass Möhren ihren Zucker speichern, um den Winter zu überstehen, um im Frühling eine neue Pflanze und damit auch viele Samen zu bilden – dem schmeckt das süße Möhrensüppchen mit gesunden Carotinoiden noch besser. Und wer sich bewusst macht, dass jede noch so saftige und appetitliche Frucht im Supermarkt nach Lagerfähigkeit, Transporttauglichkeit und vermeintlichen Verbraucherwünschen

zurechtgezüchtet worden ist – der wird sich nach echtem Superfood umsehen und lieber beim Bio-Gärtner einkaufen, immer mal nach Wildobst suchen und auch weniger ansehnliches Obst von Streuwiesen aufsammeln.

Was dieses Buch nicht ist

* Vegan-Kochbuch: Nach meiner langjährigen Erfahrung ist eine Kost mit größtmöglicher Nährstoffdichte für die menschliche Ernährung am besten geeignet, bis ins hohe Alter fit und gesund zu bleiben. Für die Überzeugung, dass wir pflanzliche *und* tierische Lebensmittel brauchen, sprechen unser Stoffwechsel und unser Verdauungssystem.
* Anleitung für glutenfreie Ernährung: Ohne Eiweiß aus Getreide hätte die Menschheit nicht überleben können. Alle Hochkulturen haben ausgedehnten Getreideanbau betrieben, weil kohlenhydratreiches Essen unsere Nahrungsgrundlage bildet. Von der Jagd und vom Fischfang allein bekommt man große Gruppen von Menschen nicht satt. Dennoch ist es sinnvoll, weniger Weizen zu essen: Erstens wurden in der Geschichte der Ernährung noch nie so viele Produkte aus Weizen konsumiert wie heutzutage. Zweitens gibt es unsere modernen, hochgezüchteten Weizensorten erst seit wenigen Jahrzehnten. Wir sind also, ganz simpel formuliert, (noch) nicht daran gewöhnt, was durchaus zu Ernährungsproblemen führen kann. Das habe ich in den Rezepten berücksichtigt und deswegen häufig andere Getreidearten verwendet.
* Anleitung zum laktosefreien Essen: Die meisten Europäer vertragen Milchzucker (Laktose) auch als Erwachsene, anders als zum Beispiel Asiaten. Deshalb tauchen in der traditionellen chinesischen oder japanischen Küche keine Rezepte mit Milch auf, auch nicht mit Sauermilchprodukten oder Käse; man hat einfach keine Milchwirtschaft betrieben. Doch Milchzucker ist nicht gleich Milchsäure: Wem auf ein Glas Milch übel wird, kann durchaus probiotischen Joghurt essen. Die Milchsäurebakterien darin sind für die gesunde Darmflora so lebensnotwenig wie Ballaststoffe.

Gehen Sie nun mit mir auf Entdeckungsreise, kulinarisch, volksmedizinisch und eben ganz superfoodmäßig vergnügt.
Viel Spaß mit meinem Buch!
Barbara Rias-Bucher

WAS SIND SUPERFOODS?

Superfoods sind keine Wundermittel, obwohl sie mittlerweile so gehandelt werden, und zwar buchstäblich: Superfoods sind in Joghurt und Fruchtdrinks, Müsli und Fertignahrung enthalten und tauchen als Nahrungsergänzungsmittel auf – immer mit der Begründung, dass wir damit fit, schlank, schön und vor allem gesund bleiben. Doch ganzheitlich zu denken und zu handeln, ist auch bei Superfoods am besten. Deshalb hier eine Zusammenstellung der wichtigsten Fragen zum Thema.

Superfoods: pflanzliche Lebensmittel

Superfoods sind vorwiegend pflanzliche Lebensmittel mit Inhaltsstoffen, die nach allem, was wir bisher wissen, bei Krankheiten vorbeugend und/oder heilend wirken können: Diese Bio-Aktivstoffe oder Phytamine greifen positiv in den Stoffwechsel und andere Funktionen unseres Organismus ein, helfen den Zellen bei der Arbeit, unterstützen unsere körpereigene Killerzellenarmee beim Kampf gegen böse Keime. Zu den Bio-Aktivstoffen zählen auch Vitamine und Mineralstoffe, die man schon lange kennt, deren Wirkungsweise wir aber jetzt aufgrund der genauen Analysemethoden besser verstehen.

Warum pflanzliche Lebensmittel so gut sind

Die geheime Macht der Pflanzen ist nicht zu unterschätzen. Die Kräfte, die jede von ihnen birgt, gehen selbstverständlich auch in unser Essen ein. Sie wirken auf unseren gesamten Organismus. Deshalb ist eine vorwiegend pflanzliche Ernährung so eminent wichtig: Pflanzen in ihrer ganzen Vielfalt bilden unsere Nahrungsgrundlage und sind die besten Superfoods.

Warum heimische Superfoods?

Weil wir seit unserer Kindheit daran gewohnt sind und sie regelmäßig essen: Gesundheitlich von Nutzen sind nämlich nur Superfoods, die man sehr häufig isst. Denn die physiologische Wirkung der meisten Bio-Aktivstoffe hält nur kurze Zeit vor, dann braucht der Körper Nachschub. Dass ständiger Nachschub an Schokolade keine so gute Idee ist, wissen wir ohnehin. Und dass man hierzulande lieber Fisch als Algen mag, bezweifelt auch keiner. Hinzu

kommt, dass wir viele Bio-Aktivstoffe in Gemüse, Obst und Kräutern umso besser verwerten können, je frischer die Lebensmittel sind. Was bei uns wächst, muss nicht unreif geerntet oder zur Konservierung getrocknet werden, weil es rasch zum Verbraucher gelangt. Und heimische Superfoods sind auch ökologisch sinnvoll, weil sie nicht über weite Strecken transportiert werden müssen. Einige unserer Superfoods können wir sogar selbst ziehen: Gerstengras, Pflücksalat und Erdmandeln wachsen im Blumentopf, Knoblauch im Balkonkasten, Gänseblümchen und Löwenzahn finden Sie in der Wiese – Informationen dazu stehen jeweils beim entsprechenden Rezept. Gewöhnlich sind heimische Produkte auch weniger mit Schadstoffen belastet. Das kommt daher, weil erstens die Verordnungen in Deutschland strenger sind als in anderen Ländern, und zweitens, weil Sie die Herkunft besser kontrollieren können: Frische Heidelbeeren können Sie selbst pflücken, Açai-Beeren nicht.

Die »Prävention mit Messer und Gabel«, wie ein Pharmakologe die bewusste und regelmäßige Ernährung mit einer Vielzahl von Bio-Aktivstoffen genannt hat, ist ein faszinierendes Forschungsgebiet.

Brauchen wir exotisches Superfood?

Exotisches Superfood brauchen wir nicht unbedingt. Doch natürlich schadet es auch nicht. Dass viele so versessen auf exotische Superfoods sind, mag an einem Missverständnis liegen: Alle wichtigen Bio-Aktivstoffe bekommen wir nämlich ganz leicht mit heimischen Superfoods. Zum Beispiel: Cranberrys, Preiselbeeren und Heidelbeeren stärken das Immunsystem über den Darm, wirken wie Goji-Beeren als Fatburner, Vitaminspender und Krebshemmer. Der Vitamin-C-Gehalt in Sauerkraut bleibt auch im Vorrat erhalten, während durch den Transport von Camu-Camu zum Beispiel mindestens 25 Prozent verloren gehen. Catechine in Grünem Tee und dunkler

Schokolade kommen auch in unserem heimischen Obst vor: Schwarze Johannisbeeren, Stachelbeeren, Erdbeeren, Brombeeren, Kirschen, Äpfel und Birnen enthalten diese Flavanole, die als Anti-Aging-Substanzen und Krebsschutzmittel gelten. Genau wie die Vitamine C und E fangen Catechine die bösen freien Radikale ein. Der hohe Flavonoidgehalt im Kakao, der Herzkrankheiten vorbeugt, indem er die Blutgefäße elastisch hält und den Blutdruck senkt, gilt ähnlich auch für Pfirsiche, Pflaumensaft und Aprikosen. Viele exotische Superfoods sind auch nur in großen Städten leicht zu bekommen und obendrein nicht gerade billig. Die meisten kann man zwar im Internet bestellen, Sie haben jedoch hinsichtlich der Qualität dieser Produkte keinerlei Gewähr. Dennoch finden Sie auch in diesem Buch einige *Exoten,* denn bei einer guten, gesunden und abwechslungsreichen Ernährung sollte es ja keine Einschränkungen geben.

Wozu Superfoods?

Wir brauchen Superfoods, um Gesundheitsrisiken zu senken. Menschen in den Industrienationen leiden immer häufiger an Krebs, Herz- und Kreislauferkrankungen. Erhöhte Blutfettwerte und Bluthochdruck machen Probleme, Übergewicht und Diabetes entwickeln sich zu regelrechten Volkskrankheiten. Mit Superfoods können wir hier gut dagegensteuern, indem wir unser Immunsystem stärken, besseres Fett essen, für genügend Ballaststoffe sorgen und unser Eiweißsoll erfüllen. Fruchtsäuren in Obst gelten als Fatburner und lassen die Verdauungssäfte besser fließen. Allicin in Zwiebeln und Knoblauch senkt den Blutdruck, Bitterstoffe in Artischocken regen die Gallenblase an. Pektin in Äpfeln, Quitten und Beeren pflegt die Darmflora, Gerbstoffe in Gänseblümchen wirken entzündungshemmend, Flavonoide in Klee schützen die Zellen, Vitamin C in Sauerkraut und Paprika stärkt das Immunsystem. Überdies fördert Vitamin C bei vegetarischer Ernährung die Eisenresorption. Gesunden Menschen helfen Superfoods, weil sie der Entschlackung und Reinigung unseres Körpers dienen. Und wer wie *Charles de Gaulle* findet, das Alter sei ein Schiffbruch, kann Olivenöl, Joghurt, Fisch und Nüsse auf den Speisezettel setzen. Sie alle gelten als Superfoods mit Anti-Aging-Effekt.

Was bedeutet ORAC?

ORAC ist ein Wert, der angibt, wie rasch ein Lebensmittel freie Radikale absorbiert und damit für den Organismus unschädlich machen soll. Je höher diese *Oxygen Radical Absorbing Capacity* (ORAC), desto mehr freie Radikale können neutralisiert werden. Und weil das wirklich super klingt, gibt es inzwischen ORAC-Listen, die man im Internet einsehen kann. Selbstverständlich finden Sie bei jedem dieser Superfoods auch gleich den Hersteller. Unser Tagesbedarf soll bei 5.000 bis 7.000 ORAC-Einheiten liegen, die man nach der Liste spielend schafft. Leider hat die Sache einen Haken: Die Werte wurden *in vitro,* das heißt im Labor an Zellkulturen von Tieren, ermittelt und lassen sich oft nur bedingt auf uns Menschen übertragen. Denn auch Wissenschaftler können (noch) nicht beurteilen, wie sich ein solches *Super-ORAC-Produkt* in unserem Organismus als Radikale-Fänger tatsächlich verhält. Vermutlich ist die Liste auch nicht als Empfehlung für den täglichen Speisezettel gedacht, denn es tauchen Produkte auf, die in den genannten Mengen gesundheitsschädlich sind: Für 100 Gramm geriebene Muskatnuss werden 69.640 Einheiten genannt. Nur: Bereits 5 Gramm Muskat sind für einen Erwachsenen giftig, 20 Gramm führen zu schweren Delirien – weshalb die Natur dafür gesorgt hat, dass wir Muskat nur in winzigen Mengen essen können.

Gutes Fleisch aus artgerechter Tierhaltung gibt es im Naturkosthandel, bei Bio-Bauern, aber auch im Internet kann man es bestellen, zum Beispiel bei www.neuland-fleisch.de.

Superfood von Tieren?

Da sind sich selbst Experten nicht einig: Gewiss zählen Fleisch und Fisch zu den gesunden Lebensmitteln, selbst wenn man immer häufiger das Gegenteil hört. Die *Deutsche Gesellschaft für Ernährung* (DGE) empfiehlt mindestens eine Fischmahlzeit pro Woche und betont, dass Fleisch ein wichtiger Lieferant von

Mineralstoffen und von B-Vitaminen sei. Doch Vitamin B_{12}, das in pflanzlichen Lebensmitteln nicht vorkommt, nehmen wir auch mit Milchprodukten, Käse und Eiern auf. Unbedingt notwendig sind Fleisch und Fisch für unsere Ernährung bestimmt nicht. Superfood in diesem Buch ist vorwiegend vegetarisch, weil Pflanzen sehr viele Stoffe enthalten, die unser Organismus braucht. Doch manches können wir aus tierischen Produkten optimal verwerten, anderes ist eben nur darin enthalten: Unsere Muskeln brauchen Eiweiß, und in Bezug auf Protein weist Fleisch die höchste Nährstoffdichte auf. Die Schilddrüse ist auf Jod angewiesen, und dieses Spurenelement bekommen wir zum Beispiel mit Seefisch. Vitamin B_{12}, unerlässlich für die Bildung der roten Blutkörperchen, ist nur in tierischen Lebensmitteln enthalten. Essenzielle Omega-3-Fettsäuren liefern uns auch Pflanzenöle (→ Seite 158 f.), doch aus fettreichen Fischen können wir sie am besten nutzen. Damit kein Mangel auftritt, sind regelmäßige Miniportionen von Fisch, Fleisch und Geflügel also durchaus empfehlenswert. Und deshalb finden Sie auch einige sehr ausgewogene Rezepte mit Fleisch, Geflügel und Fisch in diesem Buch.

Was heisst Nährstoffdichte?

Bunte Vielfalt auf dem Teller mit den Lebensmitteln, die wenig, doch wertvolles Fett enthalten und so viele Bio-Aktivstoffe wie möglich liefern. Das sind Gemüse und Obst, Kräuter und Salat, Getreide und Kartoffeln, Hülsenfrüchte und Soja. Als Ergänzung gehören Milchprodukte und Eier, auch Qualitätsfleisch und Fisch dazu (→ *Superfood von Tieren*). All das kann der Körper nach Bedarf verwerten, während wir ihm mit nährstoffarmen Produkten – zum Beispiel durch fette Wurstwaren, Süßigkeiten, süße Getränke etc. – diese gesunde Auswahl verweigern. Bei Superfoods halten Sie sich ohnehin überwiegend an Lebensmittel mit hoher Nährstoffdichte.

Greenpeace hat eine Liste der Fische erstellt, die man noch essen kann, ohne die Bestände weiter zu schwächen: www.greenpeace.de/fischratgeber.

Superfoods wie Medikamente einnehmen?

Viele Wirkstoffe gibt es als Nahrungsergänzungsmittel, viele Lebensmittel als Pflanzenpresssäfte. Sinnvoll ist die Einnahme aber nicht, denn isoliert sind manche Wirkstoffe sogar gefährlich. Ein schlimmes Beispiel sind β-Carotin-Supplemente, die das Risiko für Lungenkrebs bei Rauchern erhöhen.

Bei Lebensmitteln mit β-Carotinoiden ist laut *World Cancer Research Fund* (WCRF) das Gegenteil der Fall: Möhren, Mais oder Aprikosen zum Beispiel können die Gefahr senken, an Tumoren in Mund, Rachen, Kehlkopf oder Lunge zu erkranken. Lycopinpräparate sind zwar nicht schädlich, zeigen aber auch keine positive Wirkung, während lycopinhaltige frische Tomaten, vor allem aber Tomatensuppe und Saft, bei der Prävention von Herzinfarkt, Prostata- und Brustkrebs eine wichtige Rolle spielen.

Fazit: Schlemmen Sie mit Superfoods, und essen Sie Pillen und Pülverchen nur auf Empfehlung Ihres Arztes.

Unser Organismus funktioniert immer noch am besten, wenn wir alle Nährstoffe und notwendigen Bio-Aktivstoffe auf unseren Teller packen und nicht als Pillen und Pülverchen schlucken. Manche Ersatzstoffe sind sogar äußerst gefährlich.

Essen nach den Jahreszeiten

Wir sollten unser Essen an den Jahreszeiten ausrichten, weil Gemüse, Obst, Salat und Kräuter auch ihre Saison haben – kaum etwas wächst in unseren Breiten rund ums Jahr. Was natürlich wächst und natürlich reift, sammelt eine Menge Nährstoffe und Bio-Aktivstoffe, schmeckt gut und wirkt positiv auf unseren Organismus. Deshalb kann ich nur wiederholen, was Sie sicher schon oft gehört haben: Keine Erdbeeren im Winter, denn die kommen von weither.

Grossmutters Küche

Sollen wir wirklich wie unsere Großmütter essen? Nein, denn heimisch bedeutet ja nicht traditionell. Grünkohl müssen Sie

Unser Stoffwechsel verändert sich im Lauf der Zeit. Was junge Menschen wunderbar vertragen, macht Älteren schon mal Probleme.

Manche Lebensmittel, auf die Erwachsene gut verzichten können, sollten Kinder und Jugendliche unbedingt essen.

also nicht zerkochen und als braunen Brei mit fetter Wurst servieren. Sie können ihn vielmehr wie Chinakohl im Wok braten. Endivie ist nicht nur Wintersalat, sondern auch saftiger Quichebelag (→ Seite 82). Und Rote Beten mischt man nicht zu Gänsebraten-Beilagen-Salat, sondern brät sie als saftige Küchlein (→ Seite 33).

Hilft viel wirklich viel?

Nein, denn entweder macht unser Körper einfach dicht, wenn er genug hat, Beispiel Vitamin C: Sobald der Bedarf gedeckt ist, wird es über den Urin wieder ausgeschieden. Oder zu viel schadet: Die fettlöslichen Vitamine A, E und D sollte man nicht als Pillen schlucken, weil sie im Fettgewebe gespeichert werden und es bei Überschuss zu regelrechten Vergiftungserscheinungen kommen kann. Das heißt: Superfoods auf den Speisezettel setzen und nicht als Pillen schlucken!

Superfood fürs Herz

Superfood ist gut fürs Herz, weil Schwefelbindungen in Zwiebeln, Knoblauch und Bärlauch gegen Bluthochdruck wirken, weil Ölsäure in Olivenöl die Fließeigenschaften des Blutes verbessert. Bitterstoffe in Artischocken und mediterranen Kräutern sind potente Cholesterinsenker. Resveratrol in roten Trauben schützt vor koronaren Herzkrankheiten, weil es hohe Blutfettwerte senkt.

Superfood vorbeugend gegen Diabetes

Superfood wirkt vorbeugend gegen Diabetes, weil die meisten pflanzlichen Lebensmittel beide Risikostoffe für Diabetes Typ II – also Fett und Zucker – nur in Maßen enthalten. Voraussetzung ist allerdings, dass wir auf Abwechslung und Nährstoffdichte achten: Ständig Nüsse zu knabbern ist nur für Eichhörnchen vor und nach dem Winterschlaf empfehlenswert!

Superfood gegen Krebs?

Es gibt leider keine Ernährung, die Krebs verhindern kann. Doch das Risiko, daran zu erkranken, lässt sich senken, bei manchen Formen von Krebs sogar ganz entscheidend: Ballaststoffe schützen den Darm (→ Seite 70 ff.), Phenolsäuren, die in allen Pflanzen vorkommen, senken die Bioverfügbarkeit von Kanzerogenen in unserer Nahrung – das

heißt, sie lassen die Schadstoffe gar nicht erst aktiv werden. Anthocyane (→ Seite 25) hemmen vermutlich das Wachstum kanzerogener Dickdarmzellen, Phytoöstrogene in Soja sollen das Prostata- und Brustkrebsrisiko verringern. Die beste Anti-Krebs-Diät ist also eine abwechslungsreiche, nährstoffreiche und vorwiegend vegetarische Ernährung, die allerdings auch tierische Lebensmittel sinnvoll einbezieht.

Superfood stärkt das Immunsystem, und zwar vorwiegend über den Darm. Vermutlich ist eine vorwiegend pflanzliche Ernährung aufgrund der spezifischen Inhaltsstoffe die beste Unterstützung für unser Immunsystem.

Hilft Superfood beim Fatburning?

Vermutlich schon, denn der Fatburner-Effekt beruht auf zwei Substanzen in pflanzlichen Lebensmitteln: Erstens dem Ballaststoff Pektin (→ Seite 75), der Fettpartikel so gut umschließt, dass man einen Teil der Fettmenge im Essen ungenutzt wieder loswird. Pektin kommt vorwiegend in Äpfeln, Beeren und Quitten vor. Das heißt, der berühmte tägliche Apfel hält nicht nur den Arzt, sondern auch den Speckgürtel fern. Zweitens wirkt hoher Vitamin-C-Gehalt beim Fatburning: Mit Hilfe dieses Vitamins produziert unser Organismus den Eiweißstoff Carnitin, der als potenter Schlankmacher gilt. Carnitin beschleunigt den Stoffwechsel, weil es Fettmoleküle zu den Mitochondrien transportiert, wo sie verbrannt werden.

Mit Superfood entschlacken

Vor allem Gemüse und Kräuter helfen aufgrund des hohen Kaliumgehaltes beim Entwässern, und dabei scheiden wir auch Schadstoffe aus. Ballaststoffreiches Essen (→ Seite 70 ff.) reinigt den Darm von schädlichen Keimen. Zudem reguliert es den Säure-Basen-Haushalt: Unsere moderne Ernährung mit viel Eiweiß (Fleisch, Fisch, Käse) und mit süßen Sachen ist *sauer*, Obst, Gemüse und Kräuter dagegen sind *basisch*.

ZEHN TIPPS FÜR SUPERFOOD

1 Kaufen Sie Gemüse und Obst nach Saison und möglichst aus Ihrer Region: Der kurze Transport ist Pluspunkt für Frische und wichtige Inhaltsstoffe.

2 Holen Sie sich immer wieder Bio-Ware, die es auch auf Bauernmärkten und in Hofläden zu kaufen gibt.

3 Setzen Sie Pflanzen an die Spitze Ihrer Ernährung; tierische Lebensmittel sind nur die Ergänzung. Denn mit pflanzlichen Lebensmitteln dienen Sie Ihrer Gesundheit am besten.

4 Essen Sie fünf Portionen Gemüse, Salat und Obst pro Tag. Die Maßeinheit dazu ist Ihre Hand – sie umschließt den Apfel, nimmt die Handvoll Salatblätter, Weintrauben oder Kirschen. Dem Handmaß entsprechen auch ein Glas Gemüse- oder Obstsaft, fünf getrocknete Aprikosen oder Pflaumen und zwei Trockenfeigen.

5 Sparen Sie mit Fett, aber meiden Sie es nicht. Die Information dazu steht auf Seite 158 f., die besten Rezepte für den vernünftigen Umgang mit Fett finden Sie im Kapitel *Gutes Fett* ab Seite 162.

6

Beginnen Sie jede Mahlzeit mit frischem Obst oder Gemüse. Rohkost stillt den ersten Hunger, bringt den Stoffwechsel in Gang, hilft bei der Verdauung, schützt vor Schadstoffen und stärkt das Immunsystem.

7

Verwenden Sie reichlich Kräuter und Gewürze. Damit sammeln Sie Bio-Aktivstoffe und sparen Salz, was dem Blutdruck zugute kommt. Mehr dazu auf Seite 102 f.

8

Essen Sie jeden Tag ballaststoffreich: Vollkornbrot, Müsli, Naturreis, Kartoffeln, Äpfel und Gemüse, all das ist gut für die Verdauung. Ballaststoffe oder Präbiotika sind sehr wichtig für unsere Ernährung. Alles Wissenswerte dazu sowie viele Rezepte sind in einem eigenen Kapitel zusammengestellt (*Bakterien füttern* → Seite 68).

9

Sparen Sie mit Süßem, aber verteufeln Sie es nicht – süße Sünden gibt's zuhauf, nur nicht beim Essen. Mehr dazu im Kapitel *Natürlich süßen,* ab Seite 176.

10

Trinken Sie reichlich: Etwa eineinhalb Liter Wasser sollten es sein, vor allem, wenn Sie ballaststoffreich essen. Die Flüssigkeit, die wir außerdem noch täglich brauchen, nehmen wir mit Gemüse, Obst, Salat, dem Morgen-Kaffee, Kräuter- oder Früchtetee und Suppe auf.

FARBEN ESSEN

Es ist ja ganz leicht zu merken: Superfoods in den Farben Rot, Orange, Gelb, Grün, Blau und Blaurot sollten wir jeden Tag essen.

DIE GUTEN ROTEN

Rot ist die Farbe des Blutes, der Liebe und des Feuers – kurz: des Lebens. Tomaten, Chili und Paprikaschoten, rotwangige Äpfel und Beeren stecken voller Bioaktivstoffe – auch sekundäre Pflanzenstoffe oder phytochemicals genannt –, die zur Gruppe der Carotinoide gehören. In erster Linie handelt es sich dabei um Schutzmechanismen für die Pflanze selbst: Die Wurzeln unter der Erde, wichtige Speicherorgane für Wachstum und Samenbildung, werden durch Carotinoide vor Infektionen geschützt; den Früchten und Blättern dienen Carotinoide gewissermaßen als Sonnenschirmchen vor schädlicher UV-Strahlung. Im Laufe der Evolution hat auch unser Organismus gelernt, sich diese Funktionen zunutze zu machen. So haben Studien ergeben, dass rotes Lycopin in Tomaten als Antioxidans gegen UV-, Röntgen- und Höhenstrahlung wirkt. Und es wirkt auch gegen Sauerstoffverbindungen, die unsere Zellen ebenso wie unerwünschte Strahlung schädigen. Da diese freien Radikale ständig und ganz natürlich in unserem Organismus gebildet werden, hat uns die Natur einen Schutzmechanismus geschenkt, eben in Form der verschiedenen Carotinoide, die häufig in unseren Lebensmitteln vorkommen. Erstens entschärfen sie diese Sauerstoffverbindungen und schützen so die Zellen. Zweitens entgiften sie eine bestimmte gefährliche Sauerstoffverbindung, indem sie dessen Energie – vereinfacht ausgedrückt – in Wärme umwandeln. Wärme aber schadet uns nicht, denn unser Körper gibt sie einfach an die Umgebung ab. Das Positive daran: Die Carotinmoleküle *verdampfen* bei dieser Aktion nicht etwa, sondern stehen für weitere Reparaturarbeiten zur Verfügung.

Den Schutz vor Krebserkrankungen schreiben Wissenschaftler noch einer segensreichen *Arbeit* der Carotinoide zu: Unsere Zellen verständigen sich untereinander durch eine ganze Reihe von Signalen und Botenstoffen. Unterbleibt diese Kommunikation, läuft etwas schief – karzinogene Stoffe zum Beispiel hemmen diese Zellkommunikation, Tumorzellen »tarnen« sich, damit sie unseren körpereigenen Killerzellen entwischen. Hier setzen Carotinoide den notwendigen Informationsaustausch der Zellen erneut in Gang, indem sie ein bestimmtes Protein aktivieren.

Superfood Tomate

Das Tomaten-Carotinoid Lycopin, das übrigens auch in rosa Grapefruits, Granatäpfeln, Wassermelonen und Hagebutten vorkommt, kann noch eine ganze Menge mehr: Erstens schützt es vor Thrombosen, den gefürchteten Blutpfropfen, die sich unter anderem bei Bewegungsmangel bilden und die Gefäße verstopfen können. Zweitens soll bereits eine Portion gekochte Tomaten pro Tag, also Suppe, Sauce oder Saft, das Tumorrisiko mindern: Laut der amerikanischen *Food and Drug Administration* gibt es Hinweise, wonach Tomatenesser offenbar besser geschützt sind vor Krebserkrankungen der Prostata, der Eierstöcke, des Magens und der Bauchspeicheldrüse. Drittens scheint Lycopin das Immunsystem generell zu stärken und Entzündungsprozesse und Wucherungen, zum Beispiel bei der Wundheilung, zu reduzieren.

Super Schoten

Rote Paprika und Chilis enthalten außer Carotinoiden noch Vitamin C für ein stabiles Immunsystem und Saponine für gesunde Schleimhäute. Vor allem Paprika liefert eine gute Portion Vitamin C: scharfer Rosenpaprika etwa 30 Milligramm pro 100 Gramm, der milde Delikatesspaprika, den man esslöffelweise verwenden kann, sogar 100 Milligramm pro 100 Gramm. Das ist doppelt so viel wie bei Orangen. Doch rote, reife Paprikaschoten toppen dies noch mit 140 Milligramm pro 100 Gramm. Schon mit nur 100 Gramm frischem Paprika im Salat bekommen Sie jede Menge Vitamin C, was selbst bei 100 Gramm Paprikapulver im Gulasch nicht möglich wäre.

Gut geschmiert

Saponine in Tomaten, aber auch in Knoblauch, Spinat und Erbsen, gehören zu den wichtigsten heilenden Pflanzenstoffen: Sie pflegen die Schleimhäute, wirken entzündungshemmend und schmerzstillend. Außerdem sollen sie schleimlösende Wirkung haben, sodass der Schleim bei Bronchitis leichter abgehustet werden kann. Es kann sein, dass sie sogar präventiv gegen Darmkrebs wirken, da sie die Zellteilung im Darm hemmen.

Blaue Wunder

Mit dem Saft von Holunderbeeren oder Roten Beten können Sie Nudelteig und Ostereier färben. Rote Birnen in Rotwein sind eine klassische Beilage zu Wild. Und früher, als man die Heidelbeeren noch aus dem Wald und nicht von der Plantage holte, bekam man vom Heidelbeerpfannkuchen blaue Zähne. Alle diese Pflanzen bergen einen blauroten Farbstoff, der genau wie rote und gelbe Carotinoide unser Immunsystem stärkt und vor Krebserregern schützt. Diese Anthocyane (wissenschaftlich korrekt sind es Anthocyanidine aus der Gruppe der Polyphenole) schützen wie auch die anderen Pflanzenfarbstoffe vor Krebs. Dabei setzen sie gewissermaßen an der Wurzel des Übels an: Sie können nämlich die Bioverfügbarkeit von krebserregenden Stoffen in unserem Essen unterbinden, sodass diese *Ekelpakete* erst gar nicht in unseren Stoffwechsel gelangen und dort Schaden anrichten.

Antioxidantien mildern Altersbeschwerden: So verbessert Vitamin C nachweislich unsere Gedächtnisleistung, Anthocyane stärken die Sehkraft und wirken gegen Nachtblindheit.

Unser Obst und Gemüse enthält natürlich unterschiedliche Konzentrationen von Anthocyanen. Nehmen Sie als Faustregel: Was richtig färbt, ist auch richtig super. Doch keine Sorge: Sie müssen nicht nur noch Rote Beten und Holunderbeeren essen, Anthocyane stecken auch in Auberginen und rotwangigen Äpfeln, Kirschen und roten Weintrauben, Zwetschgen und Brombeeren, schwarzen Johannisbeeren und Himbeeren. Polyphenole gehören nämlich zu den Antioxidantien, die am häufigsten in unseren Lebensmitteln vorkommen, selbst in Schokolade, Tee und Kaffee.

BUNTER TOMATENSALAT

ZUTATEN FÜR 4 PORTIONEN

1 kleine Zwiebel
1 TL brauner Zucker
Salz nach Belieben
2 EL Balsamessig
1 kg rote, gelbe und grüne Tomaten
6 Zweige Thymian
1 Handvoll Basilikum
1 EL Rotweinessig
6 EL Olivenöl
Cayennepfeffer

1 Die Zwiebel schälen und in feine Ringe schneiden. In eine Schüssel geben, mit dem Zucker, einer kräftigen Prise Salz und 1 EL Balsamessig mischen und zugedeckt bei Zimmertemperatur etwa 5 Minuten ziehen lassen.

2 Inzwischen die Tomaten waschen und in mundgerechte Stücke schneiden, dabei die Stielansätze entfernen. Den Thymian und das Basilikum waschen, trockentupfen und grob zerkleinern, dabei alle harten Stiele entfernen.

3 Tomaten und Kräuter zur Zwiebel in die Schüssel geben. Den restlichen Balsamessig, den Rotweinessig und das Öl hinzufügen und alles mischen und den Salat mit Salz und Cayennepfeffer abschmecken. Gute Beilagen sind frisch gebackenes Gerstenbrot (→ Seite 99) und gewürfelter Büffelmozzarella oder gebratener Halloumi.

TOMATENSUPPE

ZUTATEN FÜR 4 PORTIONEN

- 2 kg Tomaten
- 1 Bund Suppengrün
- 1 Zwiebel
- 4 Stängel Thymian
- 4 EL Olivenöl
- Etwa 200 ml Wasser
- Etwa 200 g Cocktailtomaten am Stiel
- 100 g Crème fraîche
- Salz nach Belieben
- Frisch gemahlener Pfeffer
- ½ TL brauner Zucker

1 Die Tomaten waschen, vom Stielansatz befreien und in Stücke schneiden. Das Suppengrün waschen, putzen und zerkleinern, die Zwiebel schälen und fein zerkleinern, den Thymian waschen und die Blättchen abzupfen.

2 In einem großen Topf 2 EL Öl erhitzen, die Zwiebel und den Thymian darin bei schwacher Hitze anbraten. Tomaten und Suppengrün zugeben und unter Rühren kurz schmoren. Das Wasser zufügen, aufkochen und die Suppe zugedeckt bei mittlerer bis schwacher Hitze etwa 30 Minuten garen.

3 Inzwischen die gewaschenen Cocktailtomaten in einer Pfanne mit dem restlichen Öl weich braten. Die Suppe mit dem Stabmixer pürieren, dabei die Crème fraîche unterrühren. Dann die Suppe noch einmal erhitzen, mit Salz, Pfeffer und Zucker abschmecken und mit den gebratenen Tomaten servieren.

ROTKOHLSALAT MIT GRANATAPFEL

ZUTATEN FÜR 4 PORTIONEN

100 g gekochte rote Bohnen

4 EL Apfelsaft

2 EL Himbeeressig

1 TL körniger Senf

1 kleiner Kopf Rotkohl (etwa 500 g)

1 ½ TL Salz

1 Granatapfel

1 TL brauner Zucker

4 EL Öl

4–5 beliebige Salatblätter

2 EL Kürbiskerne

Frisch gemahlener Pfeffer

1 Die Bohnen in eine Schüssel geben, den Apfelsaft, den Essig und den Senf hinzufügen und alles mischen. Die Bohnen zugedeckt ziehen lassen, bis die anderen Zutaten vorbereitet sind.

2 Den Rotkohl vierteln, putzen, waschen und in feine Streifen hobeln. Die Streifen in einer Schüssel mit dem Salz mischen, mit einem Holzlöffel durchrühren und dabei immer wieder kräftig zusammenpressen, damit der Kohl mürbe wird.

3 Ein Sieb über die Schüssel mit dem Rotkohl legen. Den Granatapfel quer halbieren, die Kerne mit einem Löffel herausholen und auf das Sieb geben. Dann mit dem Löffel rühren, sodass der Granatapfelsaft in den Rotkohl abtropft.

4 Die Bohnen zum Rotkohl geben, den Zucker und das Öl hinzufügen und alles mischen. Den Salat zugedeckt bei Zimmertemperatur 30 Minuten ziehen lassen.

5 Inzwischen die weißen, bitteren Häutchen zwischen den Granatapfelkernen entfernen. Die Salatblätter waschen, trockentupfen und mundgerecht zerkleinern. Die Kürbiskerne in einer kleinen Pfanne ohne Fettzugabe bei mittlerer Hitze unter ständigem Rühren rösten, bis sie duften.

6 Nun die Kürbis- und Granatapfelkerne sowie die Salatblätter auf dem Rotkohlsalat verteilen. Den Salat mit Pfeffer abschmecken und servieren.

SOMMERSALAT MIT OBST UND KÄSE

ZUTATEN FÜR 4 PORTIONEN

- 4 Handvoll Schnittsalat
- 1 Handvoll Rucola, Schnittlauch und Basilikum
- 3 reife Aprikosen
- 300 g Kirschen
- Saft von ½ Zitrone
- 2 EL Apfelsaft
- 1 TL Erdbeerkonfitüre
- Salz nach Belieben
- Frisch gemahlener Pfeffer
- 2 EL Walnussöl
- 150 g griechischer Schafskäse

1 Den Schnittsalat und die Kräuter waschen, trockenschleudern und grob zerkleinern. Die Aprikosen waschen, entsteinen und in kleine Stücke schneiden, die Kirschen waschen, abzupfen und entsteinen. Alle Zutaten in eine Salatschüssel geben.

2 Den Zitronensaft mit dem Apfelsaft, der Erdbeerkonfitüre, Salz, Pfeffer und dem Öl verrühren. Das Dressing über den Salat in der Schüssel geben und alles mischen. Den Salat auf Portionstellern verteilen, dann den Schafskäse in Stücke schneiden und auf den Salatportionen anrichten.

KÄSEVARIANTEN

Würziger Schafskäse passt gut zu süßem Obst, doch wenn Sie den Salat lieber milder mögen, nehmen Sie weichen, weißen Ziegenkäse. Gut und ungewöhnlich sind gegrillte, heiße Halloumistückchen auf dem kühlen Salat.

AMARANTH-SUPPE

Zutaten für 4 Portionen

100 g Suppennudeln
Salz nach Belieben
2 EL Erdnussöl
150 g Lammfilet
2 junge Möhren
4 Frühlingszwiebeln
4–5 Amaranth-Triebspitzen (→ Seite 205)
2 Blätter Paksoi
700 ml Brühe
Cayennepfeffer

1 Die Suppennudeln in reichlich Salzwasser knapp gar kochen, auf ein Sieb abgießen und kurz abtropfen lassen, dann in einer Schüssel mit dem Erdnussöl mischen, damit sie nicht zusammenkleben.

2 Das Filet zuerst in Scheiben, dann in Streifen schneiden, die Möhren schälen und in Stifte schneiden, die Frühlingszwiebeln waschen, putzen und mit dem saftigen Zwiebelgrün in dünne Ringe schneiden. Die Amaranth-Triebspitzen und den Paksoi waschen und grob zerkleinern.

3 Die Brühe aufkochen. Zuerst Möhren, Zwiebeln, Amaranth und Paksoi zugeben, erneut aufkochen und 3 Minuten garen. Nun das Fleisch und die Nudeln in die Suppe geben und noch einmal kräftig aufkochen. Die Suppe mit Cayennepfeffer abschmecken und sofort servieren.

GEMISCHTER GRÜNER SALAT

ZUTATEN FÜR 4 PORTIONEN

- 1 mittelgroße festkochende Kartoffel
- 5 EL Öl
- 125 ml Wasser
- ½ TL Gemüsebrühepulver
- 2 EL Zitronensaft
- 1 EL Kräutersenf
- Salz nach Belieben
- Frisch gemahlener Pfeffer
- 400 g gemischte Blätter von Roten Beten, Rucola, Schnittsalat, Gartenkräutern und Wildkräutern

1 Die Kartoffel schälen, waschen, in fingernagelgroße Würfel schneiden und in einer Pfanne mit dem heißen Öl bei schwacher Hitze anbraten. Bei schwacher bis mittlerer Hitze in etwa 5 Minuten weich und goldgelb braten.

2 Das Wasser in die Pfanne gießen, einmal aufkochen und den Bratfond damit lösen. Brühepulver, Zitronensaft und Senf unterrühren und dieses Dressing mit Salz und Pfeffer abschmecken.

3 Die Blätter waschen, trockenschleudern und je nach Größe mundgerecht zerkleinern. Dann in eine Schüssel geben, das Dressing hinzufügen und alles gut mischen.

TIPP

Im Winter mit Feldsalat und Radicchio zubereiten und mit Orangenwürfeln für mehr Vitamin C mischen.

ROTE-BETE-KÜCHLEIN

ZUTATEN FÜR 4 PORTIONEN

1 altbackenes Weizenvollkornbrötchen (etwa 75 g)
100 ml lauwarme Milch oder lauwarmes Wasser
½ Bund Petersilie
1 Bio-Zitrone
250 g Tofu
3 mittelgroße Rote Beten
1 große Zwiebel
1 Ei
Salz nach Belieben
Frisch gemahlener weißer Pfeffer
Öl zum Braten

1 Das Brötchen würfeln, in eine Schüssel geben, mit Milch oder Wasser übergießen und ziehen lassen, bis es weich ist.

2 Die Petersilie waschen, trockentupfen und grob zerkleinern. Die Zitrone heiß abwaschen und trockenreiben. Etwa 1 TL Zitronenschale in eine Schüssel dünn abreiben und beiseite stellen. Nun den Saft der Zitrone auspressen, den Tofu würfeln. Tofu, Zitronensaft und Petersilie im Mixer oder Blitzhacker pürieren.

3 Die Roten Beten schälen und in die Schüssel mit der Zitronenschale raspeln, die Zwiebel schälen, fein zerkleinern und zugeben. Das Tofupüree, das eingeweichte Brötchen und das Ei hinzufügen. Alles mit Salz und Pfeffer würzen und mit einer Gabel so lange durchkneten, bis der Teig gleichmäßig glatt ist und gut bindet. Mit angefeuchteten Händen zwölf flache Küchlein formen.

4 Das Öl in einer großen Pfanne erhitzen. Die Küchlein darin bei mittlerer bis schwacher Hitze pro Seite etwa 5 Minuten braten. Heiß aus der Pfanne mit gemischtem grünem Salat (→ Rezept links) servieren.

SUPERFOOD ROTE BETEN

Dieses moderne vegetarische Rezept überzeugt Sie hoffentlich auch dann, wenn Sie Salat und Gemüse mit Roten Beten nicht leiden können. Betenrot oder Betanin heißt der Farbstoff, dem die roten Knollen ihre intensive Farbe verdanken. Dieses Betanin gehört genau wie Anthocyan zur Gruppe der Flavonoide; die Substanzen gelten als starke Antioxidantien (→ auch Seite 25), die vorbeugend gegen Krebs wirken und das Immunsystem stärken. Rote Beten enthalten reichlich Kalium und Eisen für gesunden Blutdruck und die Bildung roter Blutkörperchen.

AUBERGINENSALAT

ZUTATEN FÜR 4 PORTIONEN

2 kleine Auberginen oder 1 große (etwa 400 g)

2 Zweige Salbei

1 Zwiebel

2 Knoblauchzehen

1 rote Chilischote

6 EL Olivenöl

3 reife Tomaten

2 EL Balsamessig

Salz nach Belieben

Frisch gemahlener Pfeffer

½ Handvoll Rucola, Petersilie oder Zitronenmelisse

1 Die Auberginen waschen, abtrocknen und in fingerbreite Würfel schneiden, den Salbei waschen, die Blättchen abzupfen und in Streifen schneiden. Die Zwiebel und den Knoblauch schälen und fein zerkleinern. Die Chilischote putzen, waschen und fein schneiden.

2 In einer großen Pfanne 4 EL Olivenöl erhitzen. Die Auberginen und Salbei zugedeckt darin bei mittlerer Hitze unter Rühren anbraten. Die Zwiebel, den Knoblauch und die Chilischote hinzufügen und kurz mit den Auberginen braten. Dann zugedeckt knapp 10 Minuten braten, bis die Auberginen weich und leicht gebräunt sind.

3 Die Tomaten waschen und in Stücke schneiden, zu den Auberginen in die Pfanne geben und alles mischen. Den Balsamessig und das restliche Olivenöl hinzufügen. Den Salat mit Salz und grob gemahlenem Pfeffer abschmecken. Die Kräuter waschen, trockentupfen und grob zerkleinert unter den Salat mischen.

SUPER-EI AM STIEL

Die violetten Eierfrüchte kennen Sie als mediterrane Vorspeise, griechische Moussaka und indisches Curry, doch vermutlich nicht als Gesundheitsfood. Denn obwohl Auberginen verdauungsfreundliche Bitterstoffe und zellschützende Anthocyane enthalten, nutzt man sie in Europa kaum wegen ihrer medizinischen Wirkung. In Westafrika gilt die Frucht als Mittel gegen Rheuma und Krämpfe, in der traditionellen koreanischen Medizin isst man getrocknete Pflanzen und Früchte zur Behandlung von Hexenschuss und Muskelschmerzen, macht damit Umschläge bei Gastritis, Rheuma und Verbrennungen. Traditionelle Chinesische Medizin empfiehlt bei trockenem und chronischem Husten einen Absud aus weißen Auberginen mit Honig.

TOMATEN-PAPRIKA-PÜREE

ZUTATEN FÜR 6 PORTIONEN

- 2 Fleischtomaten
- 2 rote Spitz-Paprikaschoten
- 1 kleine Zwiebel
- 6 Knoblauchzehen
- 1 EL Tomatenmark
- 1 TL scharfes Paprikapulver
- 8 EL Olivenöl
- Salz nach Belieben
- 1 Prise brauner Zucker

1 Die Tomaten und die Paprikaschoten waschen, abtrocknen und klein würfeln, dabei die Stielansätze der Tomaten sowie Stiele und Kerne der Paprikaschoten entfernen. Die Zwiebel und den Knoblauch schälen und fein zerkleinern.

2 Alle drei Zutaten in einen Topf geben, Tomatenmark, Paprikapulver und Öl hinzufügen und bei schwacher Hitze unter Rühren einmal kräftig aufkochen, dann zugedeckt bei mittlerer Hitze 10 Minuten köcheln lassen. Nun mit dem Stabmixer pürieren, mit Salz und Zucker abschmecken.

TIPP

Simpel, aber super: Das Püree auf Pizzateig streichen oder als Pasta-Sauce verwenden. Gekocht enthalten Paprikaschoten und Tomaten nämlich besonders wirksames Lycopin.

GERÖSTETE PAPRIKASCHOTEN

Zutaten für 4–6 Portionen

Je 2 rote und gelbe Paprikaschoten

2 Knoblauchzehen

3 EL Kapern

1 TL Fenchelsamen

4 EL Olivenöl

Salz nach Belieben

Frisch gemahlener Pfeffer

½ TL edelsüßes Paprikapulver

1 EL gehackte Petersilie

1 Die Paprikaschoten waschen und auf ein Backblech legen, in den vorgeheizten Backofen schieben und bei 200 °C in 15 bis 20 Minuten weich backen, dann herausnehmen und abkühlen lassen.

2 Den Knoblauch schälen, in dünne Scheiben schneiden, dann mit 1 EL Kapern, den Fenchelsamen und dem Olivenöl im Mörser zu einer Paste verrühren. Die Paste mit Salz, einer kräftigen Prise Pfeffer und dem Paprikapulver würzen.

3 Die Paprikaschoten halbieren, von Stielen und Kernen befreien, mit der Paste bestreichen, aufeinander schichten und zugedeckt im Kühlschrank 1 Stunde ziehen lassen. Zum Servieren auf einer Platte anrichten und mit Petersilie und den restlichen Kapern bestreuen.

WEINTRAUBEN-FOCACCIA

ZUTATEN FÜR 4–6 PORTIONEN

1 Würfel frische Hefe
1 TL brauner Zucker
½ TL Sauerteig-Pulver
200 ml lauwarmes Wasser
375 g Weizenmehl Type 550
1 TL Salz
100 g Joghurt (10 %)
5 EL Olivenöl
400 g blaue Weintrauben (→ Kasten)
Frisch gemahlener schwarzer Pfeffer

1 Die Hefe in eine Schüssel bröckeln, den Zucker und den Sauerteig dazugeben. Das Wasser dazugießen, alles verrühren und zugedeckt bei Zimmertemperatur 20 Minuten ruhen lassen, bis die Mischung Blasen bildet.

2 Das Mehl mit dem Salz in einer anderen Schüssel mischen. Hefemischung, Joghurt und 1 EL Olivenöl zugeben. Zuerst alles mit einem Kochlöffel verrühren, dann auf der Arbeitsfläche kneten, bis der Teig glatt und geschmeidig ist. Nun zu einer Kugel formen, mit Mehl bestreuen und mit einem Tuch bedeckt 2 Stunden bei Zimmertemperatur gehen lassen.

3 Den Teig noch einmal durchkneten, auf ein Backblech mit Backpapier legen, mit den Händen flach drücken und mit einem Löffelstiel Löcher in die Teigoberfläche drücken. Das restliche Öl in die Löcher träufeln.

4 Die Weintrauben waschen, trockentupfen, abzupfen und auf der Focaccia verteilen, dann mit grob gemahlenem Pfeffer bestreuen. Die Focaccia im vorgeheizten Backofen bei 230 °C etwa 25 Minuten backen.

SUPER WEIN

Fettreiches Essen in Kombination mit Rotwein mindert das Risiko für Herzkrankheiten – Traum aller Gourmets! Nun, so einfach macht es uns die Natur leider nicht. Fettreich bedeutet mediterrane Ernährung mit Olivenöl anstelle von Butter und Schmalz. Und der Wein zum Essen wird rationiert: Ein Glas ist genug, sagen die Wissenschaftler. Der Stoff, der unser Herz schützt, steckt in den Stielen, Kernen und Schalen roter Trauben und gelangt von dort natürlich auch in den Rotwein. Dieses Resveratrol wirkt positiv auf den Fettstoffwechsel, lässt das Blut besser fließen und ist dazu noch ein potenter Krebshemmer.

ROTKOHLAUFSTRICH

ZUTATEN FÜR 4 PORTIONEN

500 g Rotkohl
3 Knoblauchzehen
Salz nach Belieben
1 Zwiebel
1 milde rote Chilischote
3 EL Öl
2 EL Balsamessig
2 EL Zitronensaft
100 g Frischkäse
1 Prise brauner Zucker
Petersilie zum Bestreuen

1 Den Rotkohl vierteln, putzen, waschen und grob zerkleinern. Den Knoblauch schälen und mit Salz zerdrücken, die Zwiebel schälen und fein zerkleinern. Die Chilischote von den Trennwänden und Kernen befreien, kalt abspülen und ebenfalls fein zerkleinern.

2 Das Öl in einer Pfanne erhitzen, die Zwiebel darin bei schwacher Hitze glasig braten. Rotkohl, Knoblauch, Chilischote, Essig und Zitronensaft zugeben und den Kohl zugedeckt bei mittlerer bis schwacher Hitze in 20 Minuten weich garen.

3 Die Mischung lauwarm abkühlen lassen, dann mit dem Stabmixer pürieren und dabei den Frischkäse untermischen. Mit Salz, Pfeffer und Zucker abschmecken, auf Sonnenblumenbrötchen anrichten und mit der Petersilie bestreut servieren.

ROTE-BETE-BROTE

Zutaten für 4 Portionen

- 2 mittelgroße Rote Beten
- 4 EL Olivenöl
- 4 EL Balsamessig
- 100 g Meerrettich aus dem Glas
- Salz nach Belieben
- ½ TL brauner Zucker
- 4 Scheiben Roggenbaguette

1 Die Roten Beten waschen, schälen und würfeln, dann in einer Pfanne mit 3 EL heißem Olivenöl bei starker Hitze kräftig anbraten und dabei häufig wenden.

2 Den Balsamessig unterrühren und die Roten Beten nun bei schwacher Hitze zugedeckt weich dünsten.

3 Die Roten Beten etwas abkühlen lassen, dann mit dem Stabmixer pürieren und dabei den Meerrettich zugeben. Das Püree mit Salz und Zucker abschmecken.

4 Die Brotscheiben im Toaster rösten, heiß mit dem restlichen Olivenöl beträufeln, dick mit dem Rote-Bete-Püree belegen und sofort servieren.

BUNTE SOMMERQUICHE

ZUTATEN FÜR 4 PORTIONEN

Für den Teig

250 g Weizenvollkornmehl

Salz nach Belieben

1 Ei

125 g Butter

Mehl zum Ausrollen

Für den Belag

100 g Bergkäse

2 kleine Zucchini

2 EL Öl

200 g Tomaten-Paprika-Püree (→ Seite 36)

2 Eier

Salz nach Belieben

Frisch gemahlener Pfeffer

3 Eiertomaten

1 Handvoll Rucola

Fett für die Form

Käse als Calcium-Spender stärkt Knochen und Zähne.

1 Das Mehl mit Salz, dem Ei und der in Stücke geschnittenen Butter in einer Schüssel mit den Knethaken des Handrührgerätes vermischen, bis die Masse krümelig ist. Auf der Arbeitsfläche mit den Händen rasch zu einem glatten Teig zusammenkneten. Wenn der Teig zu trocken ist, tropfenweise kaltes Wasser unterkneten.

2 Eine gefettete Springform von 26 cm Durchmesser mit dem Teig auskleiden, dabei einen etwa 4 cm hohen Rand hochziehen. Den Teigboden mit einer Gabel mehrmals einstechen und 1 Stunde kühlen.

3 Für den Belag den Käse reiben. Die Zucchini waschen und würfeln, dann portionsweise im heißen Öl bei schwacher bis mittlerer Hitze goldbraun braten. In eine Schüssel geben und mit dem Tomaten-Paprika-Püree mischen. Die Eier und 2 EL geriebenen Käse zugeben und untermischen.

4 Den Belag mit Salz und Pfeffer abschmecken und dann auf dem Teigboden glatt streichen. Die Tomaten abziehen und würfeln, die Rucola waschen, trockentupfen und grob zerkleinern. Beide Zutaten auf dem Belag verteilen und mit dem restlichen Käse bestreuen.

5 Die Quiche in den vorgeheizten Backofen schieben und bei 200 °C etwa 35 Minuten backen, bis der Teig am Rand knusprig und der Belag schön gebräunt, aber noch saftig ist. Heiß aus dem Ofen oder lauwarm abgekühlt servieren.

SONNENFARBE

Pralle Möhren und dicke Maiskolben, goldener Kürbis, saftige Aprikosen, sonnenreife Pfirsiche und herber Sanddorn – all diese Lebensmittel gehören zu unserem heimischen Superfood, denn sie stecken voller Vitalstoffe. Bei gelbem Gemüse handelt es sich speziell um α-Carotin und β-Carotin; auch gelbe Paprikaschoten enthalten diese beiden Carotinoide, während rotes Gemüse reich an Lycopin ist (→ Seite 22 f.). Das sonnige Gelb zeigt Ihnen also Vitalstoffgruppen an, die unser Organismus in mehrfacher Hinsicht nutzen kann:

Erstens sind sie Hautschutz-Vitamine, und allein Möhren liefern so viel davon wie kein anderes Gemüse. Das ist wichtig, wenn die Kinder draußen spielen, wenn wir walken oder joggen. Hautschutz gegen schädliche UV-Strahlen ist unser unsichtbarer Sonnenschirm beim Langlauf oder Alpinskilauf, bei der Gartenarbeit, beim Bergwandern und Urlaub am Meer; deshalb sind Carotinoide auch in Sonnenschutzcremes enthalten.

Zweitens spielen diese Carotinoide eine wichtige Rolle beim Sehen: Auf der Netzhaut des Auges arbeiten bestimmte Pigmente als *Lichtsammler*. Diese Pigmente wiederum werden durch β-Carotin in unserem Essen aufgebaut. Je mehr wir davon bekommen, desto mehr Pigmente bilden sich und desto besser funktioniert unsere Sehkraft – auch wenn es draußen »duster« ist. β-Carotin beugt Nachtblindheit vor, lässt uns Farben besser erkennen und erhält uns die klare Sicht bis ins hohe Alter.

Drittens stärken Carotinoide nicht nur die Sehkraft, sondern auch die Manneskraft, weil sie Spermientätigkeit und Zeugungsfähigkeit aktivieren.

Viertens leisten gelbe Carotinoide unserem Immunsystem Beistand, wenn's brenzlig wird: Sie greifen an, sobald *Feinde* in unseren Organismus einzudringen versuchen. Damit werden tiefere Gewebeschichten besser vor Schadstoffen geschützt.

Schließlich kann unser Körper β-Carotin als Provitamin A nutzen: Es ist die Vorstufe zu Vitamin A, das nur in tierischen Lebensmitteln enthalten ist. Wer vegan lebt, muss deshalb regelmäßig β-Carotin-haltige Lebensmittel essen. Und weil unser Organismus β-Carotin nicht so effektiv nutzen kann wie Vitamin A, müssen vor allem Veganer streng darauf achten, dass sie reichlich buntes Gemüse und Obst essen.

Tipps für die Praxis

Genau wie im Straßenverkehr geben uns die Farben der Ampel auch bei Superfoods Orientierung auf den ersten Blick: Rotes, gelbes und grünes Gemüse und Obst enthalten Carotinoide, die positiv in unserem Organismus wirken.

Carotinhaltiges immer mit etwas Fett zubereiten, damit wir das fettlösliche Vitamin auch verwerten können. Das heißt, die Rohkost mit Nüssen anrichten, den Salat mit Joghurtdressing mischen, die gegrillten Maiskolben mit Kräuterbutter servieren, die Tomatensauce mit Parmesan bestreuen, den Muffinteig mit Kokosöl (→ Seite 175) rühren und die Möhrentorte mit Schlagsahne essen – wenn das nicht super ist!

Wichtig fürs tägliche Superfood: Carotinoide in gelbem und rotem Gemüse können wir gegart besser verwerten, die im grünen besser roh. Einiges essen wir ja ohnehin (auch) als Salat: Spinat, Chinakohl, Blattsalate, Kräuter, Stangensellerie, Fenchel und Feldsalat. Möhren jedoch sollten Sie nicht nur als Rohkost, sondern häufig als Suppe und – super für alle Süßschnäbel – als Torte und Muffin essen. Ebenso erfreulich: Dass Spaghetti mit Tomatensauce echtes Superfood sind!

SALAT MIT MÖHRENCHIPS

ZUTATEN FÜR 4 PORTIONEN

500 g junge Möhren
6 EL Olivenöl
2 Handvoll Rucola
2 Handvoll Schnittsalat oder Spinat
2 EL Orangensaft
1 TL flüssiger Honig
2 TL Dijonsenf
2 EL Apfelessig
3 EL Walnusskerne
Salz nach Belieben
Frisch gemahlener Pfeffer
1 Stück junger Parmesan- oder Pecorinokäse (etwa 70 g)

1 Die Möhren sehr gut waschen, in Scheiben schneiden und auf einem Backblech verteilen. Möglichst gleichmäßig mit dem Olivenöl beträufeln und im vorgeheizten Backofen bei 220 °C etwa 15 Minuten backen, bis sie weich und schrumpelig sind.

2 Inzwischen die Rucola und den Salat oder Spinat waschen, in der Salatschleuder trockenschleudern und grob zerkleinern.

3 Für die Salatsauce den Orangensaft mit dem Honig, dem Senf und dem Essig in einer Schüssel verrühren. Die Möhren aus dem Ofen nehmen und zur Salatsauce geben. Das Öl mit einem Teigschaber vom Blech streifen und hinzufügen.

4 Die Möhren lauwarm abkühlen lassen, dann die Walnüsse, die Rucola und den Salat oder Spinat hinzufügen. Den Salat mit Salz und Pfeffer würzen und mit dem zerbröckelten Käse bestreut servieren.

SUPERFOOD MÖHRE

An der Scheibe eines besonders dicken Exemplars können Sie das Wirkstoffprofil einer Möhre geradezu sehen: Vom gelben Kern in der Mitte führen strahlenartige Linien nach außen. Dieses *Herz* birgt ein regelrechtes Wasserleitungssystem, das die Pflanze zur Versorgung mit allen Nährstoffen braucht, die sie aus dem Boden gewinnt und die auch wir nutzen, wenn wir Möhren essen. Ihr Herz verleiht der Möhre zudem die nötige Stabilität – sowohl der Wurzel in der Erde als auch ihren oberirdischen Pflanzenteilen. Die dunkler gefärbte Schicht um dieses Zentrum bildet das Speichergewebe, zuständig für Geschmack, Saft und Gesundheit. Diese *Rinde* enthält süße Zuckermoleküle, Flüssigkeit und zellschützendes β-Carotin (→ Seite 44), das man unter dem Mikroskop als kleine kristallähnliche Partikel erkennt.

SPAGHETTIKÜRBIS MIT PARMESAN

ZUTATEN FÜR 2 PORTIONEN

1 Spaghettikürbis

Salz nach Belieben

Frisch gemahlener Pfeffer

4 EL Öl

4 EL Butter

4 EL frisch geriebener Parmesankäse

1 Den Kürbis halbieren, die Kerne mit dem watteartigen Gewebe entfernen. Die Hälften nebeneinander in die Fettpfanne des Backofens legen und kräftig mit Salz und Pfeffer würzen.

2 In jede Kürbishälfte 2 EL Öl und 1 EL Butter geben. Den Kürbis im vorgeheizten Backofen bei 200 °C etwa 30 Minuten backen, bis das Kürbisfleisch weich ist.

3 Nun das heiße Kürbisfleisch mit einer Gabel aus den Schalen holen – es bildet dabei lange Streifen wie Spaghetti – und auf vorgewärmten Tellern verteilen. Mit der restlichen Butter belegen, mit dem Parmesan bestreuen und sofort servieren.

MÖHRENCREME

Zutaten für 4 Portionen

600 g Möhren
2 EL Apfelsaft
2 EL Zitronensaft
1 TL getrocknete italienische Kräutermischung
½ TL brauner Zucker
2 TL natives Olivenöl
150 g Rahmfrischkäse
Salz nach Belieben

1 Die Möhren schälen, waschen, klein würfeln und in einen Topf geben. Den Apfelsaft, den Zitronensaft, die Kräutermischung und den Zucker hinzufügen, alles einmal aufkochen und etwa 15 Minuten kochen lassen, bis die Möhren ganz weich sind. Die Möhren von der Kochstelle nehmen und abkühlen lassen.

2 Das Olivenöl und den Frischkäse zu den Möhren geben und alles mit dem Stabmixer pürieren. Den Aufstrich mit Salz abschmecken und mit Gurken, Tomaten und Radieschen zu Dinkelbrot, *Sandwichbrot* (→ Seite 97) oder türkischem Fladenbrot servieren.

MÖHREN-GNOCCHI

Zutaten für 4 Personen

500 g Möhren

500 g mehligkochende Kartoffeln

3 Zweige Thymian

100 ml Gemüsebrühe (Instant)

1 TL Zitronensaft

1 Prise brauner Zucker

Salz nach Belieben

1 gehäufter TL Speisestärke

125 ml Milch

Frisch gemahlener Pfeffer

Geriebene Muskatnuss

1 kleine Zwiebel

5 EL Olivenöl

1 EL Butter

Geriebener Parmesankäse zum Bestreuen

Ohne Thymian und Parmesan schmecken die Gnocchi zu Zwetschgenkompott oder Apfelmus – besonders Kinder mögen das gern.

1 Die Möhren und die Kartoffeln schälen, waschen, würfeln und in einen Topf geben. Den Thymian waschen, die Blättchen von 2 Zweigen abstreifen und zu Möhren und Kartoffeln geben. Nun die Gemüsebrühe, den Zitronensaft, Zucker und Salz hinzufügen, alles aufkochen und zugedeckt bei schwacher Hitze etwa 20 Minuten garen, bis Möhren und Kartoffeln sehr weich sind.

2 Die Möhren und Kartoffeln in der Garflüssigkeit mit dem Kartoffelstampfer sehr fein zerdrücken. Die Speisestärke mit der Milch glatt rühren, jeweils eine gute Prise Pfeffer und Muskat zugeben und diese Mischung unter das Püree rühren. Das Püree zugedeckt bei schwächster Hitze etwa 10 Minuten ziehen lassen, damit es stichfest wird.

3 Inzwischen die Zwiebel schälen und klein würfeln. Das Öl und die Butter in einer großen, beschichteten Pfanne erhitzen und die Zwiebel darin bei schwacher Hitze glasig braten.

4 Das Püree mit einem Esslöffel zu Gnocchi abstechen und portionsweise im heißen Fett auf beiden Seiten braun braten. Die gebratenen Gnocchi in einer gut vorgewärmten Schüssel warm halten.

5 Sobald alle Gnocchi gebraten sind, diese wieder in die Pfanne geben, die restlichen abgezupften Thymianblättchen hinzufügen und alles zugedeckt noch etwa 3 Minuten ziehen lassen. Dann mit Parmesan nach Geschmack bestreuen und servieren.

MAISBROT MIT PAPRIKA

Zutaten für 12 Stücke

250 g Maismehl

125 g Weizenmehl Type 550

2 EL geriebener Parmesankäse

1 EL Paprikaflocken

1 TL Salz

1 TL Trockenhefe

200 g körniger Frischkäse

3 Eier

150 g Buttermilch

1 Die beiden Mehlsorten mit dem Parmesan, den Paprikaflocken, dem Salz und der Trockenhefe in einer Schüssel mischen. Den Frischkäse auf dieser Mischung verteilen und mit einer Gabel unterrühren.

2 Die Eier mit der Buttermilch verquirlen und langsam zur Mehlmischung gießen. Nun alles mit den Quirlen des Handrührers zu einem glatten Teig verarbeiten.

3 Den Teig auf einem Backblech mit Backpapier glatt streichen und im vorgeheizten Backofen bei 180 °C etwa 45 Minuten backen. Herausnehmen und ganz frisch, am besten noch lauwarm servieren. Dazu schmecken gebratene Zucchini oder *Rohkostsalat* (→ Seite 78) und Käse.

GEBACKENE MAISKOLBEN

ZUTATEN FÜR 6 PORTIONEN

12 frische Maiskolben
50 g Butter
1 EL Olivenöl
1 EL Honig

Das Kochwasser nicht salzen, sonst werden die Maiskörner nicht weich.

1 Die Hüllblätter und Fäden der Maiskolben entfernen, Kolben in reichlich sprudelnd kochendem Wasser einmal aufkochen und 5 Minuten garen.

2 Den Backofen auf 220 °C vorheizen und dabei die Butter in einem ofenfesten Gefäß zum Schmelzen bringen, jedoch nicht bräunen, in den Backofen stellen.

3 Die Maiskolben abgießen, abtropfen lassen und in die Fettpfanne des Backofens legen. Die flüssige Butter mit dem Öl und dem Honig verrühren und die Maiskolben damit bestreichen. Die Fettpfanne mit Alufolie abdecken und den Mais im heißen Backofen etwa 15 Minuten backen.

Super-Goldpuder

Die Heilkraft von Kurkuma hat Mutter Natur in attraktives Goldgelb verpackt: Der gelbe Farbstoff Curcumin wirkt beruhigend und krampflösend, fördert den Gallenfluss und unterstützt die Verdauung. Curcumin bekämpft überdies Entzündungen, Infektionen und vermutlich sogar Tumorzellen: In den USA laufen derzeit Studien, die untersuchen, ob die Substanz antikanzerogen bei Krebs von Darm, Brust und Bauchspeicheldrüse wirkt. Genau wie Resveratrol (→ Seite 38) setzt auch Curcumin innerhalb der Zelle Schutzmechanismen gegen oxidativen Stress in Gang. Heutzutage kommt Kurkuma vorwiegend als Pulver in den Handel: Die frisch geernteten Wurzelstöcke werden gereinigt, gekocht und getrocknet. Dann entfernt man die äußeren Gewebeschichten und vermahlt die Rhizome zu einem leuchtend gelben Pulver. Kurkumapulver gibt es inzwischen auch in gut sortierten Supermärkten, frische, junge Kurkumaknollen im Asienladen. Man schält und zerkleinert sie wie Ingwer.

KURKUMA-NUDELN MIT BLÜTEN

ZUTATEN FÜR 4 PORTIONEN

1 Scheibe helles Landbrot (etwa 40 g)

4 Knoblauchzehen

1 Handvoll essbare Blüten (Ringelblumen, Gänseblümchen, Borretsch, Lavendel, Oregano, Klee)

6 EL Olivenöl

½ EL Kurkumapulver

1 TL abgeriebene Bio-Zitronenschale

150 g Sojasahne

100 ml Gemüsebrühe

Salz nach Belieben

Frisch gemahlener weißer Pfeffer

400 g Gnocchetti Sardi

1 Das Brot ganz fein zerkleinern, den Knoblauch schälen und zerdrücken oder ebenfalls fein hacken. Die Blüten waschen, trockentupfen und mit einem Wiegemesser grob zerkleinern.

2 In einer Pfanne 4 EL Olivenöl erhitzen, die Brotkrumen und den Knoblauch zugeben und unter ständigem Wenden etwa 3 Minuten bei mittlerer Hitze rösten, bis das Brot knusprig ist. Das Knoblauchbrot nun in eine Schüssel geben und mit der Zitronenschale vermischen.

3 Das restliche Öl in der Pfanne erhitzen und das Kurkumapulver darin unter ständigem Rühren andünsten. Die Gemüsebrühe und die Sojasahne hinzugeben und unter weiterem Rühren zu einer cremigen Sauce einkochen. Dann mit Salz und Pfeffer würzen und zugedeckt ziehen lassen, bis die Nudeln gar sind.

4 Die Nudeln in reichlich Salzwasser bissfest kochen, auf ein Sieb abgießen, kurz abtropfen lassen und zur Kurkumasauce geben. Das Knoblauchbrot und die Blüten hinzufügen, alles rasch mischen und auf gut vorgewärmten Tellern sofort servieren.

TIPP

Frische Blüten verlieren in der Sauce rasch ihre schöne Farbe. Deshalb die Nudeln gleich nach dem Mischen servieren. Noch intensiver ist das Aroma mit getrockneten Blüten: Die Blüten mit den Stielen pflücken, zu Büscheln zusammenbinden und ein bis zwei Tage in einem warmen, luftigen und hellen Raum aufhängen.

ES GRÜNT SO GRÜN

In Brokkoli, Endivie, Löwenzahn, Kresse, Kohl, Grünkohl, grünem Spargel und Spinat haben Biochemiker neben Carotinoiden und Chlorophyll noch eine ganze Menge von Substanzen entdeckt, die wir für ein gesundes Leben brauchen. Die Experten der *Deutschen Gesellschaft für Ernährung* (DGE) haben schon vor drei Jahrzehnten auf Bedeutung von Gemüse in der Ernährung hingewiesen und gaben die Empfehlung, eine große Portion davon auf den täglichen Speisezettel zu setzen – den Slogan »5 am Tag« befolgen immer mehr Menschen – nicht nur Vegetarier. Inzwischen sind die Forschungen verfeinert worden, und zahlreiche Studien belegen die Superpower von grünem Blattgemüse: Es mindert das Risiko für chronische Krankheiten wie Krebs, Diabetes und Herz-Kreislauf-Leiden. Auch die Gefahr, an Alzheimer und Demenz zu erkranken, scheint für Gemüse-Esser geringer zu sein. Wissenschaftler führen diesen positiven Effekt auf den hohen Gehalt an Vitamin E im Gemüse selbst und auf die Zubereitungsarten zurück. Wir knabbern die grünen Blätter ja nicht pur, sondern dünsten sie in Olivenöl oder Butter, mischen sie mit Nüssen oder Kernen, Mayonnaise oder Vinaigrette – all diese Fette und fettreichen Nahrungsmittel sind wichtige Quellen für Vitamin E und steigern zusätzlich den Vitamin-E-Gehalt der grünen Superfoods.

SUPER-VITAMIN E

Nach Studien des *World Cancer Research Fund* und des *Amerikanischen Instituts für Krebsforschung* aus dem Jahr 2007 verringert Vitamin E das Auftreten von Prostata-Tumoren, indem es als »Radikalfänger« wirkt, wie Forscher es formulieren, und die Abwehrkräfte des Körpers gegen Krebsverursacher stärken. Vitamin E ist offenbar auch ein Anti-Aging-Vitamin, weil es die kognitiven Fähigkeiten im Alter erhält: Im Jahr 2002 wurde eine Studie des *Rush University Media Center* in Chicago veröffentlicht, die eine Verjüngung der Gedächtnisleistung um ganze fünf Jahre belegt.

Warum eigentlich grün?

Das Carotinoid Lutein nutzen Pflanzen, um die Energieausbeute bei der Fotosynthese zu erhöhen. Bei uns Menschen erhöht es die Sehkraft.

Carotinoide, die gelben bis roten Pflanzenfarbstoffe (→ Seite 22) sind auch reichlich in grünem Gemüse enthalten. Dass sie die Blätter nicht sichtbar färben, liegt am Chlorophyll, dem Blattgrün der Pflanzen. Denn die Blätter schlucken das Sonnenlicht fast komplett und reflektieren nur Grün. Erinnern Sie sich noch an den »Gartenschlauch-Regenbogen« aus Ihrer Kindheit? Man spritzt einen Wasserstrahl aus dem Gartenschlauch direkt in Richtung Sonne. In den Wassertröpfchen trennen sich die Farben Violett, Blau, Grün, Gelb, Orange und Rot, und es erscheint ein kleiner Regenbogen. Alle Dinge, die wir sehen, reflektieren eine oder mehr Farben aus diesem Spektrum. So auch die Blätter: Das Chlorophyll darin, das die Pflanze für ihre Energiegewinnung – die Fotosynthese – braucht, lässt nur das Grün im Spektrum wieder zurückstrahlen, während die anderen Farben absorbiert werden.

Was Pflanzen brauchen ...

... ist auch gut für uns, schließlich sind wir Teil der Natur. Mithilfe des grünen Pflanzenfarbstoffs Chlorophyll stellen Blattpflanzen zwei Grundbausteine des Lebens her: Sauerstoff und Kohlenhydrate. Dass wir Sauerstoff zum Leben brauchen, weiß jedes Kind. Doch die Funktion von Kohlenhydraten ist vielleicht nicht allgemein bekannt. Kohlenhydrate sind eine grandiose Erfindung der Natur, denn sie liefern nicht nur Energie, sondern speichern sie auch. Deswegen baut man sogenannte Energiepflanzen wie Raps, Mais und sogar Weizen an, deswegen kann man die Energie in diesen Pflanzen so umwandeln, dass Tablet und Handy funktionieren, das Auto fährt und die Wohnung mit Wärme versorgt wird – selbst die Heizung läuft ja nicht ohne Strom.

Nach amerikanischen Forschungen ist Chlorophyll ein hochwirksames Fitness-Mittel, denn das Pflanzengrün erhöht die Anzahl der roten Blutkörperchen und versorgt unser Blut mit Sauerstoff. Sauerstoffmangel führt zu Stoffwechselstörungen, Antriebsschwäche und Verdauungsbeschwerden – kurz: Der Organismus schaltet auf Sparflamme, die Seele wird missmutig, und der Geist legt eine Sendepause ein. Ein Süppchen

Grünes Obst ist gewöhnlich kein Hort für Superstoffe, es ist lediglich unreif. Ausnahmen sind zum Beispiel Stachelbeeren, doch die Versorgung mit Chlorophyll beispielsweise leistet nur Gemüse.

mit Gerstengras (→ Seite 62), ein *Brennnessel-Smoothie* (→ Seite 63) oder eine saftige Wildkräuter-Frittata (→ Seite 106) sind das passende Superfood – preiswert, einfach zuzubereiten, köstlich und dabei höchst effektvoll. Es spielt übrigens keine Rolle, ob Sie Gerste, Weizen oder Hafer zum grünen Superfood heranwachsen lassen – Chlorophyll ist in allen diesen gesunden Halmen reichlich enthalten. Außerdem empfehlen Experten die Anzucht von Sprossen: In Alfalfa zum Beispiel bildet sich dann besonders viel Chlorophyll.
Auch von Kleesamen können Sie Sprossen ziehen (→ Seite 65), die besonders viele Vitamine und Mineralstoffe liefern. Überhaupt ist Rotklee (→ Seite 109) als Salat- und Gemüsekraut eine Delikatesse: Die milden Blätter und Triebe mit dem feinen Aroma nach Erbsen können Sie in Rühreier, Nudelsaucen oder Suppen mischen. Die Blüten passen in Rohkostsalat; sie schmecken süß – je nachdem, wie viel Nektar sie enthalten.

SUPERFOOD RUCOLA

Rucola finden Sie häufig in den Rezepten dieses Buches, denn sie gehört zu den gesündesten Küchenkräutern, ist völlig unkompliziert und passt nahezu zu allem. Als Mitglied der großen Kohlfamilie (→ Seite 81) liefert Rucola reichlich Vitamin C, das den Stoffwechsel ankurbelt und die Abwehrkräfte unterstützt. Ihre scharfen Senföle regen die Durchblutung an, wirken gegen Pilzinfektionen und Harnwegsinfekte. Diese Senföle (Glucosinolate) gelten überdies als natürliches Antibiotikum, weil sie Bakterien und Viren am Wachstum hindern; auch eine antiseptische Wirkung wird vermutet. Die Bitterstoffe in Rucola unterstützen den Gallenfluss und helfen so bei der Verdauung – mischen Sie Rucola doch einmal in Käsesalat oder sämige Sahnesauce zu frischer Pasta!
Bei so viel Wirkstoffpower lohnt es allemal, das Kraut im eigenen Garten oder auf dem sonnigen Balkon zu ziehen: Einfach ins Beet oder in große Blumentöpfe säen und regelmäßig ernten, sobald die Blätter etwa 10 cm lang sind.

SALAT ZUM SATTESSEN

ZUTATEN FÜR 4 PORTIONEN

- 200 g kleine, festkochende Kartoffeln
- 400 g grüne Bohnen
- 2 Eier
- 1 kleine Dose Thunfisch im eigenen Saft (etwa 150 g)
- 1 grüne Paprikaschote
- 4 Fleischtomaten
- 1 rote Zwiebel
- 2 Handvoll Rucola
- 3 EL Weißweinessig
- Salz nach Belieben
- Frisch gemahlener Pfeffer
- 6 EL Olivenöl
- 100 g entsteinte schwarze Oliven
- 2 EL Kapern

1 Die Kartoffeln gründlich waschen, in einem Topf mit wenig Wasser zum Kochen bringen und zugedeckt bei mittlerer Hitze in etwa 15 Minuten gerade eben weich kochen. Kalt abschrecken, schälen, abkühlen lassen und längs vierteln.

2 Die Bohnen waschen, putzen, halbieren und ebenfalls in wenig Wasser in 10 bis 15 Minuten bissfest garen. Dann auf ein Sieb abgießen und abtropfen lassen. Die Eier in etwa 8 Minuten hart kochen, abschrecken, schälen und achteln.

3 Den Thunfisch auf einem Sieb kalt abspülen, dann auf einen Teller geben und mit einer Gabel in mundgerechte Stücke teilen.

4 Die Paprikaschote waschen, vierteln, putzen und in Streifen schneiden, die Tomaten waschen, abtrocknen und achteln und dabei die Stielansätze entfernen. Die Zwiebel schälen, halbieren und in dünne Scheiben schneiden, die Rucola waschen und trockentupfen, eventuell harte Stiele abschneiden.

5 Für die Salatsauce den Essig mit Salz, Pfeffer und dem Öl in einer Schüssel verrühren. Die Kartoffeln, die Bohnen, die Paprikaschoten, einige Rucolablätter und die Zwiebelringe zugeben, mit der Sauce mischen und auf Portionstellern verteilen. Eier, Thunfisch, Tomaten, Oliven, Kapern und die restlichen Rucolablätter auf dem Salat anrichten.

GERSTENGRAS-SUPPE

Zutaten für 4 Portionen

3 Handvoll Gerstengras (→ Seite 64 f.)

1 Handvoll Knoblauchgrün (→ Seite 121)

1 kleine Zwiebel

2 EL Rapsöl

1 EL Mehl

¾ l Gemüsebrühe

100 g Crème fraîche

1–2 EL Zitronensaft

Salz nach Belieben

Frisch gemahlener weißer Pfeffer

¼ TL gemahlener Koriander

1 Das Gerstengras und das Knoblauchgrün mit einer Küchenschere abschneiden und zerkleinern, die Zwiebel schälen und fein hacken.

2 Das Öl erhitzen und die Zwiebel darin bei mittlerer Hitze unter Rühren glasig braten. Das Mehl darüberstreuen und unter Rühren goldgelb braten. Die Brühe dazugießen, unter Rühren aufkochen und etwa 5 Minuten weiterkochen lassen.

3 Das Gerstengras und das Knoblauchgrün zugeben und etwa 2 Minuten sprudelnd kochen. Nun mit dem Stabmixer pürieren und dabei die Crème fraîche untermischen. Die Suppe noch einmal erhitzen, dann mit Zitronensaft, Salz, Pfeffer und Koriander abschmecken.

BRENNNESSEL-SMOOTHIE

ZUTATEN FÜR 2 PORTIONEN

1 Orange

1 Möhre

2 Handvoll junge Brennnesselblättchen und Brennnesselspitzen

150 ml Apfelsaft

2 TL Joghurt

1 Die Orange wie einen Apfel schälen und dabei alle weißen Häutchen entfernen. Die Möhre gut waschen oder ebenfalls schälen. Orange und Möhre in Stücke schneiden und in den Mixer geben.

2 Die Brennnesseln waschen und anschließend grob zerkleinern. Brennnesseln zu Orange und Möhre geben, den Apfelsaft hinzufügen und alles miteinander pürieren.

3 Die gemixten Zutaten in vorbereitete Gläser geben. Nun auf jede Portion einen Löffel Joghurt setzen und die Smoothies sofort servieren.

SUPER VON DER FENSTERBANK

Grünes brauchen wir rund ums Jahr, Frisches jeden Tag. Im Sommer und Herbst ist das ja kein Problem, doch was machen wir in der kalten Jahreszeit? Kräuter im Topf kaufen? Nur als Ergänzung, wenn Sie mal keine Zeit für Eigenbau haben. Denn Grünes selbst zu ziehen, ist allemal die beste Lösung und überhaupt nicht schwierig. Vier bis fünf Stunden Sonne am Tag und ein bisschen liebevolle Pflege – dann gedeihen die Pflanzen für Ihr tägliches Superfood wunderbar. Anbauen können Sie natürlich alles, falls Sie einen »grünen Daumen« haben und gern experimentieren. Doch auf der sicheren Seite sind Sie in der Regel mit Getreidegras und Knoblauchgrün, Kerbel und Linsensprossen, Asia-Gemüse-Mix, Rucola und sogar Spinatblättern.

Der richtige Kräuterkasten ist aus Holz oder Kunststoff, mindestens 25 cm tief und unten mit Löchern gegen Staunässe versehen. Falls Sie über einen überdachten Balkon verfügen, bringen Sie den Kasten im Freien an. Gut absichern nicht vergessen, bevor Sie säen oder pflanzen! Beschränken Sie sich auf Sommerkräuter wie Basilikum, Dill, Petersilie und Pimpinelle. Borretsch lässt sich ebenfalls einfach ziehen, Kerbel kann man immer wieder nachsäen. Starke Salbei- und Thymianpflanzen überwintern, wenn man sie mit Zweigen abdeckt. Bei Oregano und Rauke ist die kalte Jahreszeit ohnehin kein Problem: Die Pflanzen treiben im Frühjahr wieder schön aus. Halme aus Getreidekörnern lassen Sie maximal 10 cm hoch wachsen, damit sie noch zart genug zum Pürieren sind.

SUPER-BLÄTTCHEN

Kresse, Asia-Salate und Rucola können Sie genau wie Gras und Sprossen laufend frisch im Blumenkasten auf der Fensterbank ziehen. Die würzigen Blättchen liefern ebenfalls bestimmte Glucosinolate, die harntreibend wirken und Verdauung und Durchblutung anregen. Sie gelten überdies als natürliches Antibiotikum, weil sie Bakterien und Viren am Wachstum hindern; auch eine antiseptische Wirkung wird vermutet. Verantwortlich dafür scheint ein bestimm-

tes Senföl zu sein. Eine gute Portion Asia-Salat, gewürzt mit Kresse und Rucola, angereichert mit Zitronensaft, kann also in der kalten Jahreszeit vorbeugend sein und gegen Atemwegsentzündungen und grippale Infekte wirken. Zudem kurbeln die Vitamin-C-haltigen frischen Blätter den Stoffwechsel an und unterstützen die Abwehrkräfte. Noch ein Plus: Grünes Gemüse enthält relativ viel Eisen, und Vitamin C in Zitronensaft hilft dem Organismus, dieses Spurenelement besser zu verwerten.

Bitte unbedingt beachten!

Alle Samen für Gras, Blätter und Sprossen sollten Sie grundsätzlich in Erde streuen, damit sich keine schädlichen Keime bilden. Auf Küchenpapier oder Vlies können sie schimmeln, und selbst Anzuchtboxen sind oft nicht hygienisch genug. Die Erde können Sie mehrmals besäen und später auf den Kompost streuen oder im Beet verwenden.

GEBRATENES GEMÜSE

Zutaten für 4 Portionen

1 kleine Staude Mangold

1 Fenchelknolle

4 junge Möhren

1 mittelgroße Aubergine

3 Tomaten

1 frische junge Knoblauchknolle

1 Bund Frühlingszwiebeln

8–10 EL Olivenöl

3–4 Zweige Rosmarin

Salz nach Belieben

Frisch gemahlener Pfeffer

2–3 EL Zitronensaft

Oliven und Kapernfrüchte zum Anrichten

1 Zuerst das Gemüse waschen und trockentupfen und anschließend zerkleinern: Die Mangoldstaude der Länge nach halbieren, den Fenchel längs vierteln, die Möhren längs halbieren. Die Aubergine in Scheiben schneiden, die Tomaten und die Knoblauchknolle quer halbieren. Nur die Frühlingszwiebeln nicht zerkleinern.

2 In einer Pfanne 3 EL Öl erhitzen und Mangold und Fenchel darin bei mittlerer Hitze weich braten und dabei leicht bräunen, dann herausnehmen und auf einer Platte anrichten. Nun 2 EL Öl in die Pfanne geben und die Frühlingszwiebeln und die Möhren braten, dann zum Gemüse auf die Platte legen.

3 Weitere 2 EL Öl erhitzen, die Auberginen und den gewaschenen Rosmarin darin braten und auf die Platte legen. Das restliche Öl erhitzen und Tomaten und Knoblauchknolle mit den Schnittflächen nach unten kräftig anbraten, bis die Schnittflächen gebräunt sind. Dann bei schwacher bis mittlerer Hitze weich braten.

4 Tomaten und Knoblauch zum Gemüse legen, alles mit Salz, Pfeffer und Zitronensaft würzen und lauwarm mit Oliven und Kapernfrüchten servieren. Als Beilage schmeckt *Weintrauben-Focaccia* (→ Seite 38).

Richtig braten

Das Gemüse wird nur grob zerkleinert und soll beim Braten appetitlich bräunen und gerade eben weich werden – al dente, wie man in Italien sagt. Deshalb die Zutaten erst bei kräftiger Hitze anbraten, dann zugedeckt bei mittlerer Hitze eher schmoren als braten. Das ist besonders bei Tomaten und Knoblauch wichtig, denn die darin enthaltenen Zuckerstoffe geben beim Rösten ihr feines Aroma frei.

BAKTERIEN FÜTTERN

Selbstverständlich füttern wir nur gute Bakterien, die für unser Wohlbefinden sorgen. Denn sie spielen eine wesentliche Rolle für unser Immunsystem.

BALLASTSTOFFE SIND SUPER

Lange Zeit hat die Forschung sie für überflüssig gehalten und ihnen den hässlichen Namen *Ballaststoffe* verpasst. Vor etwa 40 Jahren hat man dann entdeckt, dass gerade diese Pflanzenteile zu den wichtigsten Substanzen gehören, die wir Menschen täglich und in ausreichender Menge brauchen. Nun weiß man, dass diese *Präbiotika* unverzichtbar für die menschliche Ernährung sind. Ballaststoffe erfüllen in unserem Organismus nämlich ganz unterschiedliche Funktionen, und Schauplatz des Geschehens ist unser Darm. Dort sitzt unser Immunsystem, und wir tun sehr gut daran, es zu pflegen und – buchstäblich! – richtig zu ernähren. Denn die Nahrung der Darmflora sind zum größten Teil Ballaststoffe. Das heißt für uns: Wir müssen viel Gemüse, Vollkorn, Kartoffeln und Obst essen.

Ballaststoffe kommen fast nur in Pflanzen vor. Deshalb sollte unser Essen auch zum größten Teil aus pflanzlichen Lebensmitteln bestehen.

Einer ist Viele

Der Mensch, davon sind viele Genetiker inzwischen überzeugt, ist ein Superorganismus. Auf unserer Körperoberfläche und in unserem Innern leben Billionen von Mikroorganismen: Vermutlich kommen auf eine menschliche Zelle etwa neun *Fremde*. Doch keine Panik: Dieses Mikrobiom ist keineswegs gefährlich, sondern lebensnotwendig für uns.

In unserem Darm zum Beispiel tummeln sich Mikroben, ohne die wir schlicht verhungern würden. Noch weiß die Forschung erstaunlich wenig über unsere »Untermieter«, obwohl man sich allein aufgrund ihrer Anzahl fragen könnte, wer hier eigentlich der Untermieter ist. Doch so viel ist sicher: Bakterien zerlegen unsere Nahrung in ihre Bestandteile und setzen die Nährstoffe frei, die unsere Zellen aufnehmen können. Denn auch ein gut gekauter Apfel nützt uns erst, wenn sich die Helfer in unserem Darm darüber hergemacht haben. Warum sie das tun? Weil sie ebenfalls Nahrung brauchen, und was wir nicht verwerten können, verspeisen die Mikroben: »Der Zweck des Lebens ist das Leben selbst«, sagte *Goethe* über den ewigen Kreislauf der Natur.

Was Ballaststoffe bewirken

Erstens sind Ballaststoffe am Fatburning beteiligt: Wir Menschen können Ballaststoffe nicht verdauen, weil unser Organismus dafür keine Enzyme bereitstellt. Was wir nicht verdauen können, liefert uns keine Energie und macht uns auch nicht dick. Deshalb ist ballaststoffreiches Essen super für straffe Muskeln und einen flachen Bauch.

Zweitens sorgen sie für eine gute Verdauung, und da stimmt auch der Name: Weil Ballaststoffe den Darm viel stärker füllen als Proteine und Fett, spüren wir auch schneller den Drang zur Toilette. Deshalb ist ballaststoffreiches Essen das beste Mittel gegen Verstopfung.

Drittens halten sie den Darm gesund: Die Bakterien in unserem Dickdarm ernähren sich von Ballaststoffen, gewinnen damit Energie und vermehren sich. Je mehr gute Bakterien im Darm leben, desto wirksamer ist auch der Schutzschirm gegen pathogene Erreger und Darmtoxine. Deshalb brauchen wir eine große Anzahl nützlicher Mikroorganismen für ein gesundes Milieu im Darm.

Ballaststoffe liefern uns zwar kaum Energie, doch nach neuen Forschungen ist ihre Bedeutung für den Verdauungstrakt enorm wichtig.

Viertens stärken Ballaststoffe unser Immunsystem: Bei der Verdauungsarbeit der Bakterienflora entstehen dabei bestimmte Fettsäuren, die nach neuesten Forschungen eine wichtige Rolle bei der Krebsprävention spielen. Diese Fettsäuren verzögern die Vermehrung von Tumorzellen im Dickdarm, hindern sie an der »Wanderung« in andere Organe und wirken so gegen Metastasenbildung. Und sie unterstützen den *programmierten Zelltod,* mit dem unser Organismus schädliche Zellen aus dem Verkehr zieht.

Fünftens werden die unterschiedlichen Fettsäuren auch unterschiedlich verwertet: Aus Gemüse und Obst produzieren Bak-

terien vorwiegend Fettsäuren für Darm und Leber, während sie aus ballaststoffarmen, doch zuckerreichen Lebensmitteln eher Fettsäuren für den gesamten Organismus bauen, also auch fürs Fettgewebe. Das heißt, dass die Anzahl der Kalorien keine entscheidende Rolle spielt. Daher machen Müsliriegel dick, Bananen jedoch nicht.

Sechstens beeinflusst all das natürlich unser Gefühlsleben: Weil unser Darm mit seinem ganz eigenen Nerven-Netzwerk ein ähnlich komplexes System ist wie unser Gehirn, sprechen Forscher inzwischen vom *Darmhirn*. Ein gut funktionierender Magen-Darm-Trakt schützt vor Infektionen, macht uns schlank und sorgt für Wohlbefinden bis ins hohe Alter. Ein gutes *Bauchgefühl* hilft bei Entscheidungen, bewahrt vor depressiven Verstimmungen und lässt uns Stresssituationen leichter bewältigen.

Auf Vielfalt achten

Pflanzen enthalten unterschiedliche Präbiotika, die man grob in zwei Gruppen unterteilt: Zu den unlöslichen Ballaststoffen gehören Weizenkleie und Pflanzenfasern aus Hülsenfrüchten, zu den löslichen Ballaststoffen rechnet man vorwiegend Inulin, Haferkleie, Pektin und resistente Stärke. Alle Präbiotika dienen unserer Gesundheit. Pflanzenfasern vergrößern die Stuhlmenge, sodass die Verdauung regelmäßig und gut funktioniert. Lösliche Ballaststoffe regen den Darm zu verstärkter Motorik an, binden Cholesterin und ernähren die Darmflora, die ihrerseits Fettsäuren gegen kanzerogene Stoffe bildet (→ Seite 71). Damit wir diese Funktionen der Präbiotika optimal nutzen können, müssen wir möglichst abwechslungsreich essen. Deshalb sollten jeden Tag viele verschiedene Lebensmittel auf Ihrem Speisezettel stehen, damit Sie nicht nur satt werden, sondern auch Ihre Darmflora mit genügend unverdaulichen Nahrungsbestandteilen beliefern. Dann vermehren sich Ihre guten Bakterien rasant, besetzen Ihren Darm und verdängen die bösen Bakterien. Denn die »fressen« keine Ballaststoffe, sondern stürzen sich lieber auf Nahrungsbestandteile, die übrig bleiben, wenn wir zu viel Fett, Fleisch, Wurst und Alkohol konsumieren. Daraus produzieren sie dann giftige Stoffe, die unserem Immunsystem schaden und im schlimmsten Fall Krebs verursachen.

Stärkepäckchen

Resistente Stärke entsteht in Kartoffeln, Nudeln und Getreide, wenn diese Lebensmittel gegart und abgekühlt werden: Dabei verändern sich die Stärkemoleküle so, dass wir sie nicht verdauen können, sondern sie unserer Darmflora überlassen. Kochen Sie also oft die doppelte Menge Kartoffeln, Nudeln oder Reis, und bereiten Sie aus dem Rest ein neues Essen zu: Bratkartoffeln und Rösti (→ Seite 79), im Wok gebratene Nudeln (→ Seite 76) oder saftig süßen Reisauflauf (→ Seite 190). Für alle, die nicht so gern Vollkornprodukte essen, sind diese Gerichte durch den hohen Anteil an resistenter Stärke geradezu ideal.

Es ist keine so gute Idee, einfach Weizenkleie zu essen, denn dabei können Blähungen, Bauchschmerzen und Durchfall auftreten.

Darmstreichler

Inulin wird als Nahrungsmittelergänzung auch in Pulverform angeboten; es soll leichter verträglich sein als Inulinhaltige Lebensmittel. Doch nach meiner Erfahrung wirkt natürliches Inulin viel besser als das Pulver. Essen Sie einfach regelmäßig Salat mit Endivie, Zuckerhut, Chicorée und Radicchio. Im Frühling sorgt Löwenzahn für genügend Inulin, im Sommer sind es Artischocken, im Herbst und Winter Pastinaken und Topinambur. Inulin pflegt und nährt die Darmflora und kann sie sogar wieder aufbauen – zum Beispiel nach einer Antibiotikum-Behandlung.

Stabilisator

Pflanzen brauchen Cellulose als Gerüst, Schutz und Wasserspeicher: Die Substanz hält die Feuchtigkeit in der Pflanze, schützt als dicke Samenschale Getreidekorn und Bohnenkern vor Verletzung und stabilisiert als Struktursubstanz zarte Grashalme und mächtige Bäume. Wir Menschen brauchen diesen unlöslichen Ballaststoff, um das Volumen des Darminhalts zu erhöhen, der dadurch schneller transportiert wird. Je kürzer diese *Transitzeit,* desto rascher werden wir auch Krankheitserreger und Giftstoffe wieder los, die durch falsche Ernährung entstehen.

Geliermittel

Pektin kennen Sie sicher vom Marmeladekochen, denn es ist zum Beispiel in Gelierzucker enthalten. Der lösliche Ballaststoff kommt vor allem in Äpfeln, Quitten, Beeren und Zitrusfrüchten reichlich vor; er sorgt für einen ausgeglichenen Cholesterinspiegel und schützt damit Herz und Blutgefäße.

Gute Mischung

Der Überblick über die verschiedenen Gruppen von Ballaststoffen hilft Ihnen, Ihre Mahlzeiten optimal zu kombinieren. Da keine Substanz allein uns Wohlbefinden schenkt, brauchen wir unterschiedliche Ballaststoffquellen: Gemüse und Hülsenfrüchte, Getreide und Kartoffeln, Obst und Nüsse.

Zur Ergänzung

Nach allem, was die Forschung bisher weiß, gehören zum Futter der Darmflora auch Bakterien, die in Sauermilchprodukten wie Joghurt, Dickmilch, Kefir und Buttermilch vorkommen. Diese Probiotika tragen vermutlich zum Erhalt der Darmflora bei und/oder bauen sie wieder auf, wenn unser nützliches Mikrobiom durch Medikamente oder falsche Ernährung geschädigt ist. Da Probiotika bereits fermentiert sind, enthalten sie auch keinen problematischen Milchzucker, sondern nützliche Milchsäurebakterien; sie fallen damit also nicht unter die verbotenen Lebensmittel bei Laktoseintoleranz.

Studien haben die Heilwirkung von Probiotika bestätigt: Bestimmte Milchsäurebakterien mildern das Reizdarmsyndrom, helfen bei Durchfall, wenn man ein Antibiotikum schlucken muss, können das Erkältungsrisiko bei Senioren mindern und reduzieren sogar die Beschwerden bei Laktoseintoleranz.

Wer sich häufig mit *Light-Produkten* zur Gewichtskontrolle ernährt, sollte auf die Zutatenliste schauen: Inulin als Zusatzstoff schadet nicht, sondern nährt auch die Darmflora.

GEBRATENE NUDELN MIT HUHN

ZUTATEN FÜR 2 PORTIONEN

3 getrocknete Mu-Err-Pilze

150 g Chinanudeln oder Suppennudeln

½ TL Salz

3 EL Öl

150 g Hähnchenbrustfilet

2 Frühlingszwiebeln

2 Möhren

200 g Kaiserschoten

1 rote Paprikaschote

1 milde rote oder grüne Chilischote

4 EL helle Sojasauce

2 EL Reisessig oder weißer Balsamessig

Cayennepfeffer

1 TL dunkles Sesamöl

1 Die Pilze in einem Schälchen mit heißem Wasser übergießen und zugedeckt darin in etwa 15 Minuten weich werden lassen. Auf einem Sieb kalt abspülen und in Streifen schneiden.

2 Während die Pilze quellen, die Nudeln in kochendem Salzwasser in etwa 5 Minuten gerade eben weich garen. Dann abgießen, abtropfen lassen und heiß mit 1 EL Öl mischen.

3 Das Fleisch trockentupfen und in fingerbreite Streifen schneiden. Die Frühlingszwiebeln putzen, waschen und mit den zarten grünen Blättern in feine Röllchen schneiden. Die Möhren schälen und in feine Streifen schneiden. Die Kaiserschoten waschen und putzen. auf einem großen Sieb kalt abspülen und abtropfen lassen. Die Paprikaschote und die Chilischote waschen, vierteln, putzen und ebenfalls in Streifen schneiden.

4 Im Wok 1 EL Öl erhitzen. Das Fleisch darin bei starker Hitze unter Rühren kräftig braun anbraten. Auf einen Teller geben. Das restliche Öl in den Wok geben und erhitzen. Nun die Pilze, Zwiebelröllchen, die Möhren, die Kaiserschoten, die Paprikaschote und die Chili hinzufügen und etwa 3 Minuten braten.

5 Das gebratene Fleisch und die Nudeln untermischen und bei starker Hitze unter Rühren erhitzen. Mit Sojasauce, Essig, Cayennepfeffer und Sesamöl abschmecken und servieren.

TIPP

Nach dem Putzen und Zerkleinern von frischen oder getrockneten Chilischoten sollten Sie Arbeitsgeräte und Hände waschen. Denn das scharfe Capsaicin (→ Seite 115) der Schoten haftet auch an der Haut, und es tut richtig weh, wenn man versehentlich Nase oder gar Augen berührt.

ROHKOSTSALAT

Zutaten für 4 Portionen

3 Möhren
2 Stangensellerie mit Grün
1 kleiner fester Zucchini
1 säuerlicher Apfel
2 Frühlingszwiebeln
3 EL Orangensaft
2 EL Apfelessig
Salz nach Belieben
Frisch gemahlener Pfeffer
3 EL Erdmandelöl

1 Die Möhren schälen, den Sellerie, den Zucchini und den Apfel waschen. Die Frühlingszwiebeln waschen, trockentupfen und putzen.

2 Die Zutaten zerkleinern und in eine Schüssel geben: Die Möhren und den Zucchini in Streifen raspeln. Den Apfel vierteln, vom Kerngehäuse befreien und ebenfalls raspeln. Den Sellerie in feine Scheiben schneiden, die Sellerieblättchen grob zerkleinern. Die Frühlingszwiebeln mit den saftigen grünen Blättern in feine Ringe schneiden.

3 Den Orangensaft und den Essig zufügen und den Salat mischen. Dann mit Salz und Pfeffer würzen, das Öl hinzufügen und alles noch einmal gründlich durchmischen.

RÖSTI MIT KRÄUTERN

ZUTATEN FÜR 4 PORTIONEN

500 g vorwiegend festkochende Kartoffeln

2 Handvoll gemischte Kräuter (Petersilie, Thymian, Estragon und Majoran)

1 TL Salz

Frisch gemahlener weißer Pfeffer

3 EL Öl

1 Die Kartoffeln waschen und in wenig Wasser mit der Schale etwa 15 Minuten garen; sie sollen nicht ganz weich werden. Das Wasser abgießen, die Kartoffeln kalt abschrecken, dann schälen und abkühlen lassen.

2 Die Kräuter waschen, trockentupfen und fein zerkleinern, dabei alle harten Stiele entfernen. Die kalten Kartoffeln grob raspeln, mit den Kräutern, Salz und Pfeffer mischen.

3 In einer großen Pfanne 2 EL Öl erhitzen. Die Pfanne von der Kochstelle nehmen und die Temperatur auf mittlere Hitze schalten.

4 Die Kartoffeln in die Pfanne geben, mit dem Pfannenmesser zu einem etwa fingerdicken Kuchen formen und zugedeckt 15 Minuten braten. Dann die Rösti wenden und das restliche Öl an den Seiten in die Pfanne geben. Die Rösti weitere 15 Minuten in der offenen Pfanne braten. Mit Rohkostsalat (→ Rezept links) servieren.

TIPP

* Rösti gelingen besonders gut mit übrig gebliebenen Pellkartoffeln vom Vortag. In kalten Kartoffeln haben sich Stärke und Flüssigkeit gut verbunden, die Raspel sind ziemlich trocken und halten in der Pfanne zusammen.
* Die Kartoffeln sollten Sie nicht mit der Schale abkühlen lassen, sondern schälen, sobald man sie anfassen kann. Denn bei manchen Sorten löst sich die Schale am nächsten Tag nicht so gut ab.
* Zum Wenden die Rösti mit dem Pfannenmesser auf einen großen Teller schieben. Mit einem zweiten Teller abdecken, das Ganze umdrehen und die Rösti wieder in die Pfanne schieben.

BITTER IST GESUND

Bittere Substanzen, sogenannte *Amara,* kommen zum Beispiel in Artischocken, Endivie, Zuckerhut-Salat, Estragon und Beifuß vor. Alle Bitterstoffe sorgen durch die Produktion von Speichel und Magensaft für eine bessere Verdauung. Bitterstoffe bringen den Darm buchstäblich in Schwung, indem sie die Peristaltik anregen. Sie helfen damit unseren guten Bakterien, potenziell gefährliche Keime schneller wieder loszuwerden. Eine gute Verdauung trägt zu einem besseren Körpergefühl bei und bremst sogar die Lust auf Süßes, denn sobald der Darm richtig arbeitet, spüren wir keinen Hunger.

Amara fördern den Gallenfluss und unterstützen so unseren Organismus bei der Entgiftung über die Leber. Diese Entgiftung sollten wir regelmäßig durchführen, denn Schadstoffe entstehen nicht nur durch äußere Einflüsse wie ungesunde Ernährung, Genussmittel oder Bewegungsmangel, sondern auch beim normalen täglichen Stoffwechsel. Manche dieser Stoffe sind sogar lebenswichtig und machen nur dann Probleme, wenn zu viel davon in Blut und Lymphe kreisen. Beispiel Cholesterin: Wir brauchen es für den Aufbau von Körperzellen, die Bildung von Hormonen und bestimmten Vitaminen. Doch zu viel LDL-Cholesterin schadet den Blutgefäßen.

Alles, was Kohl ist, schenkt Fitness durch Thiamin. Dieses Vitamin spielt eine wesentliche Rolle bei der Energieproduktion. Wer schwer arbeitet oder viel Sport treibt, braucht mehr davon!

Superkugeln

Egal ob weiß oder rot, klein wie Rosenkohl, kraus wie Wirsing oder besonders zart wie Spitzkohl, Blumenkohl und Brokkoli – durch die Vielzahl an Bioaktivstoffen ist Kohl als Superfood geradezu unschlagbar, denn er

* füttert unsere gute Darmflora mit nützlichen Ballaststoffen
* bietet Zellschutz, denn Glucosinolate, verantwortlich für den typischen Kohlgeschmack und Geruch, produzieren wichtige Krebshemmer
* regelt den Hormonhaushalt, denn die *Frauen-Vitamine* Pyridoxin und Niacin mildern hormonelle Schwankungen, die als Ursache für prämenstruelle Symptome wie Reizbarkeit, depressive Verstimmung, Kopfschmerzen und Spannungen in der Brust gelten
* stärkt die Widerstandskraft, weil er Vitamin C enthält. Dieses Vitamin brauchen wir täglich, bei körperlichem und seelischem Stress sogar in großen Mengen
* macht schlank, weil das Vitamin C darin auch bei der Bildung von L-Carnitin hilft (→ Seite 17).

ENDIVIEN-QUICHE

Zutaten für 6 Portionen

Für den Teig

200 g Mehl

¼ TL Salz

75 g weiche Butter

2 EL Milch

Fett für die Form

Für den Belag

1 großer Endiviensalat

100 g Topinamburknollen

1 mittelgroße Zwiebel

1 Bio-Orange

4 EL Olivenöl

Salz nach Belieben

Frisch gemahlener Pfeffer

100 ml Milch

50 g Sahne

2 Eier

50 g geriebener Käse

1 Das Mehl mit Salz, Butter, Milch und etwa 70 Milliliter Wasser mit den Knethaken des Handrührgerätes zu einem glatten Teig mischen.

2 Den Teig mit einem Löffel in eine gefettete Springform von 26 cm Durchmesser geben. Den Löffelrücken in kaltes Wasser tauchen und den Teig damit in der Form verteilen, dabei einen gut fingerbreiten Rand hochziehen und den Löffel immer wieder in kaltes Wasser tauchen, damit der Teig nicht haften bleibt. Den Teigboden in der Form 1 Stunde kühlen.

3 Inzwischen den Endiviensalat in die Blätter teilen, waschen, trockenschleudern und in feine Streifen schneiden. Topinambur mit dem Sparschäler schälen, dann waschen und grob zerkleinern. Die Zwiebel schälen und fein hacken. Die Orange heiß abwaschen, abtrocknen und etwa die Hälfte der Schale dünn abreiben. Dann den Saft auspressen.

4 Das Öl in einer großen Pfanne erhitzen, Zwiebel, Endiviensalat und Topinambur darin bei mittlerer Hitze etwa 3 Minuten braten. Diesen Belag mit der Orangenschale und dem Orangensaft mischen, mit Salz und Pfeffer würzen und abkühlen lassen.

5 Den Teigboden im vorgeheizten Backofen bei 220 °C 10 Minuten vorbacken, dann herausnehmen und den Belag darauf verteilen. Die Milch mit Sahne und Eiern verrühren und darübergießen. Die Quiche mit dem geriebenen Käse bestreuen, wieder in den Ofen schieben und bei 200 °C noch etwa 30 Minuten backen, bis sie leicht gebräunt ist.

Der Teig für die Quiche ist zum Ausrollen zu weich; Sie müssen ihn wie beschrieben mit einem Löffel in die Form drücken.

COUSCOUS-SALAT MIT TOMATEN

ZUTATEN FÜR 4 PORTIONEN

100 g Instant-Couscous
1 TL Gemüsebrühe-Extrakt
4 EL Olivenöl
1 kleiner Zucchini
2 Tomaten
1 Handvoll Petersilie- und Minzeblättchen gemischt
2–3 EL Zitronensaft
Salz nach Belieben
Frisch gemahlener Pfeffer

1 Das Couscous mit dem Gemüsebrühe-Extrakt und 1 EL Öl in eine Schüssel geben. Nun mit knapp ¼ Liter kochendem Wasser übergießen und zugedeckt quellen lassen, bis die anderen Zutaten vorbereitet sind.

2 Den Zucchini waschen, abtrocknen, in dünne Scheiben hobeln und in einer Pfanne mit 2 EL Öl bei starker Hitze unter Rühren etwa ½ Minute kräftig rösten. Von der Kochstelle nehmen und in eine Schüssel geben.

3 Die Tomaten waschen, abtrocknen, würfeln und zu den Zucchini geben. Couscous mit einer Gabel durchrühren, bis es ganz locker ist und ebenfalls in die Schüssel geben.

4 Petersilie und Minze waschen, trockentupfen und nicht zu fein zerkleinern. Die Kräuter zum Couscous in die Schüssel geben, Zitronensaft, Salz und Pfeffer und das restliche Öl hinzufügen, alles mit der Gabel mischen und auf Portionstellern verteilen.

EIN TELLER BUNTES

Je mehr buntes Gemüse und frische Kräuter Sie essen, desto besser ist es für die Ernährung, denn Carotinoide, die Jäger der freien Radikale und Beschützer unseres Immunsystems, kommen in roten, gelben und grünen Pflanzen vor (→ auch Seite 22). Ergänzen Sie deshalb nach dem Saison-Angebot: Zum Couscous-Salat passen auch geraspelte Möhren, fein zerkleinerte Paprikaschoten, gewürfelte Radieschen und dünne Salatgurkenscheiben. An frischen Kräutern schmecken Schnittlauch, Basilikum und Koriander besonders gut – alles fein geschnitten.

ARTISCHOCKENKUCHEN

Zutaten für 4 Portionen

Für den Teig

150 g Mehl

½ TL Salz

1 Ei

1 EL Öl

Mehl zum Ausrollen

Für den Belag

10 kleine Artischocken

1 Zwiebel

2 Knoblauchzehen

1 EL Butter

8 EL Olivenöl

1 TL brauner Zucker

1 EL Zitronensaft

Salz nach Belieben

Frisch gemahlener Pfeffer

125 ml trockener Weißwein

1 Stück Parmesan (etwa 70 g)

1 Das Mehl mit dem Salz, dem Ei, 3 EL kaltem Wasser und dem Öl in einer Schüssel mischen, dann auf der Arbeitsfläche etwa 10 Minuten mit den Händen zu einem glatten, geschmeidigen Teig kneten. Den Teig in Folie gewickelt 1 Stunde bei Zimmertemperatur ruhen lassen.

2 Für den Belag die Artischocken waschen, alle harten Blätter bis zu den inneren weichen Blättern abziehen und von diesen Blättern nur die harten Spitzen abschneiden. Die Artischocken nun der Länge nach vierteln und dann in Streifen schneiden. Die Zwiebel und den Knoblauch schälen und fein zerkleinern.

3 Die Butter und 2 EL Olivenöl in einer Pfanne erhitzen. Zwiebel und Knoblauch darin bei schwacher Hitze glasig braten. Die Artischocken zugeben und bei starker Hitze unter Rühren etwa 2 Minuten schmoren, dann mit Zucker, Zitronensaft, Salz und Pfeffer würzen.

4 Nach und nach den Weißwein zu den Artischocken gießen und bei starker Hitze dickflüssig einkochen. Die Pfanne von der Kochstelle nehmen und die Artischocken lauwarm abkühlen lassen.

5 Inzwischen den Teig auf Mehl zu dünnen Platten ausrollen. Die Fettpfanne des Backofens zuerst mit Backpapier, dann mit den Teigplatten auslegen. Die Teigplatten mit dem restlichen Olivenöl bestreichen, dann die Artischocken darauf verteilen.

6 Den Kuchen in den vorgeheizten Backofen schieben und bei 200 °C etwa 30 Minuten backen, bis der Teig am Rand knusprig ist. Dann in Stücke schneiden, mit dem gehobelten Parmesan bestreuen und heiß servieren.

Topinambur …

… ist eine schöne Pflanze – hoch gewachsen mit Blüten wie kleine Sonnenblumen. Zu kaufen gibt es die Knollen etwa von Oktober bis April. Topinambur wächst auch sehr gut im Gartenbeet, neigt allerdings zum Wuchern und braucht deshalb einen Platz, wo er sich ausbreiten und andere Pflanzen nicht verdrängen kann. Die Knollen können Sie von Oktober bis April ernten, wenn der Boden nicht gefroren ist. Ich grabe immer etwa 1 Kilo Knollen aus, wasche sie und lasse sie auf einem Küchenhandtuch trocknen. Dann packe ich sie in einen Gefrierbeutel und lege sie in den Kühlschrank, wo sie sich bis zu drei Wochen frisch halten. Informationen zum Inhaltsstoff *Inulin* finden Sie auf Seite 74.

Harissa …

… gibt es in Tuben oder Gläsern auch in gut sortierten Supermärkten. Harissa ist eine scharfe, wunderbar würzige Paste aus getrockneten roten Chilis, Knoblauch, Kreuzkümmel, Koriandersamen und Salz, manchmal auch Zitrone oder Minze.

GEBACKENER TOPINAMBUR

Zutaten für 4 Portionen

- 200 g frische Preiselbeeren oder Cranberrys
- 4–5 EL naturtrüber Apfelsaft
- 2 EL Gelierzucker mit Pektin
- 1 große Messerspitze abgeriebene Bio-Zitronenschale
- 2 EL Himbeeressig
- 1 TL Harissa
- 500 g Topinambur
- 250 ml kaltes Wasser
- Salz nach Belieben
- Cayennepfeffer
- 125 g Mehl
- Kokosfett oder Öl zum Frittieren

1 Die Preiselbeeren verlesen, in einer Schüssel mit kaltem Wasser waschen, auf ein Sieb abgießen und abtropfen lassen. Die Beeren nun in einen Topf geben, Apfelsaft, Gelierzucker und Zitronenschale hinzufügen und aufkochen. Die Beeren zugedeckt bei schwacher Hitze in etwa 10 Minuten weich kochen. Dann mit dem Essig mischen, mit dem Stabmixer pürieren, mit Harissa würzen und abkühlen lassen.

2 Den Topinambur mit einem Sparschäler dünn schälen, waschen und die Knollen vierteln.

3 Für den Ausbackteig das Wasser mit Salz und Cayennepfeffer in eine Schüssel geben. Das Mehl durch ein Sieb hinzufügen und mit einer Gabel leicht verrühren, bis es sich mit dem Wasser verbunden hat, aber noch Klümpchen bildet.

4 Das Fett zum Frittieren erhitzen. Die Topinamburstücke portionsweise in den Teig tauchen und im heißen Fett in 2 bis 3 Minuten goldgelb ausbacken. Mit einem Schaumlöffel herausnehmen und heiß mit den Preiselbeeren servieren.

Topinambur ist reich an Inulin, bestes Futter für Darmbakterien.

PASTA MIT BROKKOLI

Zutaten für 4 Portionen

3 Brokkoli (etwa 500 g)
1 Handvoll Basilikum
3–4 Halme Knoblauch- oder Zwiebelgrün
2 EL Olivenöl
4 EL Brühe
2 EL Zitronensaft
Salz nach Belieben
Frisch gemahlener Pfeffer
400 g kurze Nudeln (Trofie, Penne oder Fusilli)
1 EL Butter
4 EL geriebener Parmesan

1 Den Brokkoli putzen, waschen, in kleine Röschen teilen und dickere Stiele schälen. Das Basilikum und das Knoblauch- oder Zwiebelgrün waschen und grob zerkleinern.

2 Das Öl in einer Pfanne erhitzen. Brokkoli und Knoblauch- oder Zwiebelgrün darin unter Rühren andünsten, aber nicht bräunen. Nun die Brühe zugeben, das Gemüse mit Zitronensaft, Salz und einer kräftigen Prise Pfeffer würzen und zugedeckt bei mittlerer Hitze in etwa 5 Minuten gerade eben weich garen.

3 Die Nudeln in sprudelnd kochendem Salzwasser bissfest garen, dann auf ein Sieb abgießen und zum Gemüse in die Pfanne geben. Die Butter und 1 EL Parmesan hinzufügen, alles mischen und dann die Nudeln auf vorgewärmten Tellern anrichten. Den restlichen Parmesan dazu servieren.

SPITZKOHL MIT EI

ZUTATEN FÜR 4 PORTIONEN

1 Spitzkohl
1 kleine Zwiebel
1 EL Sonnenblumenöl
100 ml Orangensaft
1 EL Honig
Salz nach Belieben
4 Eier
200 g Joghurt (10 %)

1 Den Spitzkohl putzen, vierteln und waschen. Die Kohlviertel mit Küchenpapier trockentupfen. Die Zwiebel schälen und fein zerkleinern.

2 Das Öl in einem weiten Topf erhitzen und die Zwiebel darin glasig braten. Die Kohlviertel zugeben und rundherum anbraten, aber nicht bräunen. Nun Orangensaft und Honig hinzufügen und alles einmal aufkochen. Den Spitzkohl mit Salz würzen und zugedeckt bei schwacher Hitze in etwa 10 Minuten weich garen.

3 Inzwischen die Eier in etwa 8 Minuten hart kochen, dann kalt abschrecken, schälen und halbieren. Den Spitzkohl mit den Eiern auf vorgewärmten Tellern anrichten. Den Kochsud des Spitzkohls mit dem Joghurt verrühren und über dem Kohl verteilen. Dazu passen Pellkartoffeln oder Rösti (→ Seite 79).

Superfood mit Tradition

Tatsächlich gilt Dinkel als besonders gut verdaulich; er stimuliert das Immunsystem und bringt die Vitalstoffe rasch ins Blut. Davon profitieren die Körperzellen: Nerven und Muskeln, Leber und Galle, Herz und Gehirn, Lunge und Nieren werden optimal durchblutet und gestärkt.

Dinkel macht bei der traditionsbewussten und dabei so modernen *Hildegard-Küche* den Löwenanteil des Essens aus. Wichtig ist ja, wie anhaltend uns ein Lebensmittel nährt, wie es unserer Gesundheit dient und wie lange es vorhält – in früheren Zeiten bei knapper Kost ein bedeutsamer Aspekt, den wir uns auch heute zunutze machen sollten. Denn für uns moderne Menschen geht es zwar nicht mehr darum, genug auf den Teller zu bekommen. Wir müssen vielmehr darauf achten, dass wir uns ausgewogen ernähren. Dinkel schneidet da besonders gut ab: Er »ist das beste Getreide, … fett und kräftig, und er ist milder als andere Getreidearten«, heißt es bei *Hildegard von Bingen* (1098–1179). Sie betont sowohl seinen physiologischen Wert als auch seine positive Wirkung auf unsere Psyche: »… er macht frohen Sinn und Freude im Gemüt des Menschen.«

GESCHMORTER DINKEL MIT TOMATEN

Zutaten für 4 Portionen

200 g Dinkelkörner

2 Fleischtomaten

1 Zwiebel

1 Knoblauchzehe

1 Handvoll Salbeiblätter

5 EL Olivenöl

1 kleine Dose Tomatenstückchen

Salz nach Belieben

Frisch gemahlener Pfeffer

4 EL Schmant

1 EL Schnittlauchröllchen

1 Die Dinkelkörner in einen Topf geben, mit kaltem Wasser bedecken und zugedeckt 6 Stunden im Kühlschrank quellen lassen.

2 Den Dinkel dann auf ein Sieb abgießen und mit ½ l frischem Wasser aufkochen und zugedeckt bei schwacher Hitze etwa 1 ½ Stunden garen.

3 Die Tomaten abziehen und würfeln, die Zwiebel und den Knoblauch schälen und fein zerkleinern, den Salbei waschen und in Streifen schneiden. Alle diese Zutaten in einem Topf mit dem heißen Öl bei schwacher Hitze anbraten, bis die Zwiebel glasig ist.

4 Den gekochten Dinkel zugeben, aufkochen und etwa 3 Minuten kräftig kochen lassen, dann mit dem Schmant mischen, mit Salz und Pfeffer abschmecken und mit Schnittlauchröllchen bestreut servieren.

Gut mit Knoblauch

Das Vitamin *Thiamin* in Dinkel verträgt sich ausgezeichnet mit *Allicin,* der Knofelsubstanz in Knoblauch. Im Darm verbinden sich nämlich beide Stoffe und werden fast vollkommen vom Organismus aufgenommen. Davon profitieren Frauen, die während Schwangerschaft und Stillzeit mehr Thiamin brauchen, und Senioren, die nur kleine Portionen essen können.

VOLLKORNLASAGNE MIT ZUCCHINI

ZUTATEN FÜR 6 PORTIONEN

Für den Teig

200 g Weizen- oder Dinkelvollkornmehl

½ TL Salz

1 Ei

2 Eigelb

1 EL Öl

Für die Füllung

1 kg kleine Zucchini

1 Bund Frühlingszwiebeln

250 g Mozzarella

2 Knoblauchzehen

2 Bund Petersilie

75 g Parmesankäse

75 g Sonnenblumenkerne

¾ l Milch

40 g Dinkelvollkornmehl

1 EL getrockneter Oregano

Salz nach Belieben

Cayennepfeffer

Mehl für die Arbeitsfläche

1 Für den Nudelteig das Weizen- oder Dinkelmehl mit Salz, dem Ei, den Eigelben und dem Öl zu einem Nudelteig verkneten. Falls der Teig zu trocken ist, tropfenweise kaltes Wasser unterkneten. Den Teig in Butterbrotpapier gewickelt ruhen lassen, bis die Füllung vorbereitet ist.

2 Dafür die Zucchini putzen und waschen. Etwa zwei Drittel davon in Scheiben schneiden. Den Rest für die Sauce würfeln. Die Frühlingszwiebeln putzen, waschen und mit allen saftigen grünen Blättern in dünne Ringe schneiden. Den Mozzarella abtropfen lassen und würfeln.

3 Den Knoblauch schälen, die Petersilie waschen und trockentupfen, den Parmesan in Stücke teilen. Diese drei Zutaten mit den Zucchiniwürfeln und den Sonnenblumenkernen im Blitzhacker pürieren. Das Püree mit Milch, Vollkornmehl, Oregano, Salz und Cayennepfeffer kräftig verrühren, bis eine dickflüssige Sauce entstanden ist.

4 Den Teig in drei Portionen teilen und auf Mehl oder in der Nudelmaschine zu möglichst dünnen Platten ausrollen. Die Teigplatten in etwa 6 mal 15 cm große Stücke schneiden.

5 Eine flache Gratinform mit etwas Sauce ausgießen. Abwechselnd die Teigplatten, die Zucchinischeiben, die Frühlingszwiebelringe und die Mozzarellawürfel in die Form schichten. Jede Schicht mit Sauce begießen. Obenauf den Rest der Sauce und die restlichen Mozzarellawürfel geben. Die Lasagne im vorgeheizten Backofen bei 220 °C etwa 45 Minuten backen.

Super Sandwich bauen

Ein gutes Sandwich ist bunt, denn dann schmeckt es am besten und ist am gesündesten – Sie wissen ja: Farben essen! Auf dem Bild oben sind die Sandwichbrotscheiben mit Frischkäse bestrichen; Sie können natürlich auch *Möhrencreme* (→ Seite 49) oder Rote-Bete-Creme (→ Seite 41) nehmen. Der Belag besteht aus Spiegelei und frischem Gemüse mit vielen sekundären Pflanzenstoffen: Stangensellerie enthält nach amerikanischen Studien sogenannte Phthalide als beruhigende Substanz für die Nerven. Lycopin in Tomaten fängt freie Radikale und wirkt cholesterinsenkend, Gurken bauen Körpersäfte auf und spülen die Blase. Das Brot selbst, gebacken mit gekochtem Reis, versorgt durch resistente Stärke (→ Seite 73) die Darmflora mit genügend Futter. Das ist wichtig, wenn Sie nicht immer nur Vollkorn essen und trotzdem auf Ihr Ballaststoff-Soll kommen wollen.

SANDWICHBROT

Zutaten für 20 Scheiben

100 g Rundkornreis
500 g Weizenmehl Type 1050
1 Päckchen Trockenhefe
2 TL Salz (etwa 12 g)
500 ml lauwarmes Wasser
2 EL weiche Butter für die Form und zum Bestreichen

1 Den Reis in einen Topf geben und so viel kaltes Wasser hinzufügen, dass es etwa zwei Finger hoch über dem Reis steht. Den Reis aufkochen und zugedeckt bei schwacher Hitze 10 Minuten garen. Auf ein Sieb abgießen und kurz abtropfen lassen.

2 Den Reis in eine Schüssel geben und lauwarm abkühlen lassen. Nun das Mehl mit der Hefe und dem Salz mischen, zum warmen Reis geben und alles mit einer Gabel vermengen.

3 Das lauwarme Wasser zugießen und alles mit den Knethaken des Handrührers oder der Küchenmaschine 10 Minuten zu einem glatten Teig verrühren.

4 Eine Kastenform von 30 cm Länge mit 1 EL Butter fetten, den Teig einfüllen und zugedeckt bei Zimmertemperatur 45 Minuten ruhen lassen, bis sich das Teigvolumen verdoppelt hat.

5 Das Brot in den vorgeheizten Backofen schieben und bei 220 °C 20 Minuten backen. Den Ofen auf 200 °C reduzieren, und das Brot weitere 20 Minuten backen. Mit 1 EL Butter bestreichen und bei 150 °C noch 20 Minuten backen, bis es schön gebräunt ist.

6 Das Brot herausnehmen, in der Form 10 Minuten ruhen lassen, dann auf ein Kuchengitter stürzen und abkühlen lassen.

Das Brot ist sehr locker und weich – eben genau richtig fürs saftige Sandwich. Damit man es gut aufschneiden kann, müssen Sie es nach dem Abkühlen noch etwa 6 Stunden in einem kühlen Raum ruhen lassen.

Super Körner

Gerste zählt zu den ältesten Kulturpflanzen der Menschheit und könnte schon vor 16.000 Jahren im Mittleren Osten kultiviert worden sein. Einige Historiker halten sie für die wirtschaftliche Grundlage früher Hochkulturen an Euphrat und Nil. Auf griechischen Vasen ist Demeter, die Göttin des Ackerbaus, mit Gerstenhalmen in der Hand dargestellt. Seit frühesten Zeiten hat man Gerste übrigens gegessen und getrunken: Brot und Bier aus Gerste gehörten bereits im Alten Ägypten zu den Grundnahrungsmitteln, die allen zur Verfügung stehen sollten. Auch Gerstenmalz verwendet man seit Jahrhunderten zum Bierbrauen, und in der modernen, alternativen Küche wird der dicke Sirup aus Gerstenkörnern, in denen sich die Stärke durch Keimen, Trocknen und Einweichen in süßen Malzzucker verwandelt hat, als natürliches Süßmittel verwendet. Gerste enthält nämlich keinerlei Risikostoffe wie Cholesterin oder Purine, dafür cholesterinsenkende Ballaststoffe und Bio-Aktivstoffe gegen Herzerkrankungen und vermutlich sogar gegen Krebs. Die Schleimstoffe in Körnern, Graupen und Grütze beruhigen den Magen.

KERNIGES GERSTENBROT

ZUTATEN FÜR 15 SCHEIBEN

400 g Gerstenvollkornmehl

250 g Weizenmehl Type 550

2 TL Salz (etwa 12 g)

1 Päckchen Trockenhefe

1 EL Gerstenmalz (etwa 50 g)

1 EL weiche Butter

400 ml lauwarmes Wasser

1 TL kalte Butter

In der TCM gilt Gerste als kühles Lebensmittel für die heiße Jahreszeit; sie soll Verstopfung beheben und die Sommergrippe heilen.

1 Das Gersten- und das Weizenmehl mit dem Salz und der Hefe in einer Schüssel mischen. Das Gerstenmalz, die Butter und das Wasser hinzufügen und alles mit den Knethaken des Handrührgerätes oder der Küchenmaschine rühren, bis der Teig ganz glatt ist und sich zu einem Kloß formt.

2 Den Teigkloß mit einem Küchentuch abgedeckt bei Zimmertemperatur 2 Stunden ruhen lassen. Während der Ruhezeit wird er sichtbar locker, geht jedoch nicht richtig auf.

3 Den Teig nun noch einmal kräftig durchkneten, zu einem Laib formen, auf ein Backblech mit Backpapier legen und in den kalten Backofen schieben. Auf den Boden des Ofens drei ofenfeste Förmchen mit kaltem Wasser stellen.

4 Den Ofen auf 200 °C schalten und das Brot 30 Minuten backen. Die Temperatur auf 180 °C reduzieren und das Brot weitere 30 Minuten backen. Das Brot nun herausnehmen und auf ein Kuchengitter legen. Die Butter in kleinen Stückchen auf dem heißen Brot verteilen und einziehen lassen.

TIPP

Das Brot schmeckt warm ebenso gut wie nach einem Tag Ruhezeit. Auch beim Einfrieren verliert es nicht an Aroma, wird jedoch recht bröckelig. Am besten passt Frisches und Fettreiches dazu: Tomaten, Gurken und Radieschen, Butter und Käse. Weil Gerste selbst gebackenes Brot besonders würzig macht, füge ich jedem meiner Brotteige immer etwa 100 g Gerstenmehl bei. In diesem Rezept ist Gerste die Hauptzutat, und das Weizenmehl sorgt nur für die lockere Krume. Denn Gerste enthält kein Klebereiweiß; das heißt, mit diesem Getreide allein können Sie nur Fladenbrot backen.

AROMA GENIESSEN

Hocharomatisch, heilkräftig und reich an Bio-Aktivstoffen – diese Eigenschaften sind es, die wir seit Jahrhunderten an Kräutern und Gewürzen schätzen.

HEILKRAFT AUS DER NATUR

Zweifellos sind Kräuter und Gewürze zuerst in der Heilkunde genutzt worden. Pflanzen mit so konzentriertem Wirkstoffprofil waren zum Essen einfach zu kostbar und boten sich als Arzneien geradezu an. So sprachen Wissenschaftler in Antike und Renaissance nur von der medizinischen Wirkung, das Kulinarische wird, bis auf wenige Ausnahmen, nicht erwähnt. «Die Natur ist der Krankheiten Arzt«, lehrte der Mediziner *Hippokrates* (um 460–370 v. Chr.) und nahm etwa 200 Heilpflanzen in seine Schriften auf. Der römische Naturwissenschaftler *Plinius der Ältere* (23–79 n. Chr.) beschreibt Wild- und Gartenkräuter in allen ihren damals bekannten Funktionen. Manches davon glauben wir heute selbstverständlich nicht mehr: »Fenchelsaft«, so heißt es bei *Plinius*, »träufelt man auch in die Ohren, und er tötet die darin befindlichen kleinen Würmer.« Anderes ist noch gültig: Kräuter mit Bitterstoffen wie Oregano und Rosmarin, vor allem auch Beifuß oder Wermut werden seit Jahrhunderten zur besseren Verdauung empfohlen. Seit Jahren sind Naturheilmittel fester Bestandteil der vorbeugenden und heilenden sanften Medizin; Kräutersäfte, Salben und Essenzen aus Kräutern und Gewürzen gehören für viele Menschen inzwischen zur Hausapotheke.

Es sind in erster Linie ätherische Öle, Gerbstoffe und eben Bitterstoffe, denen wir die heilsame Wirkung von Kräutern verdanken. Bei vielen Gewürzen ist das Spektrum ähnlich: Anis, Kardamom, Muskat und Zimt enthalten Stoffe für eine gute Verdauung, wirken krampflösend und antibiotisch. Manche Pflanzen nutzen wir als Kräuter und Gewürz zugleich – denken Sie an Fenchel, Koriander, Dill oder Senf.

Mit Kräutern und ganz besonders mit Wildkräutern sichern Sie im Frühling einen großen Teil Ihres Bedarfs an Vitaminen und Mineralstoffen: Kresse stärkt aufgrund des hohen Gehalts an Vitamin C die Abwehr ausgezeichnet. Man hat sie einst auch als Mittel gegen Skorbut gegessen. Auch Kerbel enthält eine ganze Menge Vitamin C; das frische Frühlingskraut schmeckt als Würze in Salat und Rohkost. Traditionell ist Kerbel Bestandteil der berühmten »Grünen Sauce« zu neuen Kartoffeln und Grundlage der Kräutersuppe am Gründonnerstag. Naturheilkundler empfehlen Kerbelsaft zur Frühjahrskur,

Wenn Sie nach einem deftig-würzigen Essen ein paar Dillsamen kauen, haben Sie weniger Probleme mit Bauchgrummeln und Aufstoßen.

weil er entwässert und das Blut reinigt. Ein Supersnack und dabei so wirksam wie der Saft ist Kerbelsmoothie, den Sie genauso mixen wie *Brennnessel-Smoothie* (→ Seite 63). Dill regt die Verdauung an und beruhigt die Nerven – das altsächsische Wort *dilla* bedeutet *einlullen*. Bärlauch senkt Blutdruck und den Cholesterinspiegel, schützt Herz und Gefäße, fördert die Verdauung und sorgt für eine gesunde Darmflora. Brennnesseln empfiehlt die Volksmedizin seit jeher als Vitaminspender und Blutreiniger bei Entschlackungskuren, genauso wie Sauerampfer, der den »Körperputz« im Frühling unterstützt, weil die Gerbstoffe darin die Verdauung fördern und die Leber stärken. All das sind nur einige wenige Beispiele für die Heilkraft der einheimischen und exotischen Pflanzen, mit denen wir unser Essen würzen. Verwenden Sie möglichst viele davon und möglichst regelmäßig – damit sorgen Sie für Genuss und Wohlbefinden zugleich.

THYMIANKEKSE

Zutaten für 50 Stück

50 g Patna-Reis
50 g geschälte Mandeln
200 g Mehl
½ TL Salz
100 g geriebener Parmesankäse
4–5 Zweige frischer Thymian
100 g kalte Butter
Mehl für die Arbeitsfläche

1 Den Reis und die Mandeln nacheinander im Blitzhacker oder Mixer fein mahlen. Dann in eine Schüssel geben, das Mehl, den Parmesan und das Salz hinzufügen und alles mischen.

2 Den Thymian waschen und sehr gut trockentupfen, dann die Blättchen abzupfen und zum Mehl geben. Die Butter in kleine Stücke schneiden und auf dem Mehl verteilen.

3 Alle diese Zutaten zuerst mit einer Gabel vermischen, bis der Teig krümelig ist. Nun auf der leicht mit Mehl bestreuten Arbeitsfläche mit möglichst kalten Händen rasch zu einem glatten Teig verkneten. Den Teig in zwei Portionen teilen und jede Portion zu einer etwa 5 cm dicken Rolle formen. Die Rollen in Butterbrotpapier wickeln und 30 Minuten kühlen.

4 Die Teigrollen in Scheiben schneiden und auf Backbleche mit Backpapier legen. Die Bleche nacheinander in den vorgeheizten Backofen schieben und die Kekse bei 180 °C jeweils etwa 25 Minuten backen, bis sie goldgelb sind.

5 Die Thymiankekse herausnehmen und 15 Minuten auf dem Blech ruhen lassen, dann mit dem Pfannenmesser ablösen und zum Abkühlen auf ein Kuchengitter geben.

Superfood Thymian

Die Kombination aus ätherischem Öl, Gerbstoffen und Bitterstoffen macht Thymian zum besten Heilmittel bei Magenverstimmung und Reizdarm. Außerdem wirkt das Kraut entzündungshemmend und ist deshalb Bestandteil von Hustentee.

FRITTATA MIT WILDKRÄUTERN

ZUTATEN FÜR 2–3 PORTIONEN

- 2 kleine Pastinaken
- 3 Handvoll Löwenzahn-, Brennnessel und Bärlauchblätter
- 1 Handvoll Petersilie-, Dill- und Minzeblättchen gemischt
- ½ Bund Schnittlauch
- 5 Eier
- Salz nach Belieben
- Frisch gemahlener Pfeffer
- 4 EL Olivenöl

1 Die Pastinaken schälen und klein würfeln. Alle Kräuterblätter verlesen, waschen und wie Salat trockenschleudern, dann mit dem Wiegemesser fein zerkleinern. Den Schnittlauch waschen, trockentupfen und fein schneiden.

2 Die Pastinaken, die Kräuter und den Schnittlauch in eine Schüssel geben. Die Eier zufügen, mit Salz und Pfeffer würzen und alles verrühren.

3 Das Öl in einer großen Pfanne erhitzen. Die Eiermischung zugeben und bei schwacher Hitze auf der Unterseite etwa 5 Minuten braten. Mit dem Pfannenmesser wie eine Torte in vier Stücke schneiden, die Stücke wenden und noch 3 bis 4 Minuten braten.

Giftige oder gesundheitsschädliche Wildkräuter gibt es nur wenige, und diese riechen und schmecken zumeist sehr unangenehm.

Wichtig: Beim Sammeln wilder Pflanzen muss man immer auf Nummer sicher gehen!

SUPERFOODS VON DER WIESE

Wer sich bewegt, betreibt ganz nebenbei auch Anti-Aging: Nach einer neuen Studie bleibt man mit täglichem Training bis ins hohe Alter agil und resistenter gegen Stress.

Wildkräuter helfen uns beim Frühjahrsputz des Körpers: Erstens, weil wir sie selbst sammeln müssen. Und diese Suche verschafft Ihnen das Stündchen Bewegung an der frischen Luft, das wir für unser Wohlbefinden brauchen.

Zweitens sichern Sie mit Wildkräutern den Nachschub an Vitaminen und Mineralstoffen. Und das ist sehr wichtig beim Entgiften, denn dabei werden wir ja nicht nur Schädliches los, sondern verlieren auch Nützliches, das mit den Wildkräutern wieder »aufgefüllt« wird.

Drittens enthalten Wildkräuter besonders viele Bitterstoffe und wertvolle Ballaststoffe (→ Seiten 80 und 70 ff.) und gelten deshalb in der Volksmedizin als natürliches Mittel, mit dem der Organismus über die Leber entgiftet wird.

Viertens regulieren Wildkräuter auch den Säure-Basen-Haushalt: Unsere moderne Ernährung ist vorwiegend *sauer,* Kräuter dagegen sind *basisch*. Deshalb hilft Kräutertee auch gegen Sodbrennen.

RICHTIG SAMMELN

Manche Wildkräuter kennt wirklich jeder, doch wenn Sie mehr sammeln wollen und sich noch nicht so gut auskennen, brauchen Sie ein Bestimmungsbuch. Davon gibt es eine ganze Reihe – informieren Sie sich im Buchhandel. Am sinnvollsten ist es, wenn Sie im Frühling beginnen und sich Ihre Kenntnisse im Laufe eines Jahres buchstäblich »erwandern«: Gehen Sie spazieren, streifen Sie durch die Wiesen und vergleichen Sie Pflanzen, die Sie finden, mit den Abbildungen und Texten im Buch. Wichtig dabei ist, dass Sie den ganzen Vegetationszyklus beobachten: die junge und die ausgewachsene Pflanze, die Blütezeit und die Samenbildung. Selbstverständlich dürfen Sie nur essen, was Sie zweifelsfrei bestimmen können.

EINFACH SUPER

Sie brauchen kein Bestimmungsbuch, wenn Sie drei Wildkräuter sammeln wollen, die zu den besten und gesündesten im Frühling gehören: Gänseblümchen, Löwenzahn und Rotklee.

ERSTES GRÜN

Gänseblümchen finden Sie das ganze Jahr über; die leicht säuerlichen Blättchen wachsen auch im Winter und sind an schneefreien Tagen gut sichtbar im winterlich kurzen Gras. Sie enthalten das Beste aus der Apotheke von Mutter Natur: Saponine reinigen die Lunge und lösen den Schleim bei Katarrh, Bitterstoffe und Gerbstoffe regen die Galle an, Inulin ist Futter für die Darmflora (→ Seite 74), Flavonoide wie Anthoxanthin wirken entzündungshemmend. In der Volksmedizin nutzt man Gänseblümchen zur Blutreinigung und als Magenmittel; sie sollen den Gallenfluss anregen und die Leber stärken.

Die Blätter nimmt man für Wildkräutersalat oder dünstet sie als Gemüse in etwas Öl mit frischem Knoblauchgrün, jungem Kohlrabi, Zuckererbsen oder Zucchini. Auch Blüten und Knospen können Sie essen, zum Beispiel auf Vollkornbrot mit Kräuterquark. Der Tee aus den Blüten wirkt entschlackend und schmeckt mit ein paar Blättchen von Minze und mit Orangenhonig.

PUSTEBLUME

Löwenzahn gehört zu den starken Heilmitteln, und seine medizinische Wirkung hatte ihm einst einen bevorzugten Platz in antiken Apotheker- und in mittelalterlichen Klostergärten eingeräumt. Die moderne Phytotherapie hat die Inhaltsstoffe untersucht: Die Bitterstoffe Sesquiterpene und Triterpene fördern die Bildung von Gallensaft. Cholin unterstützt die Leber bei der Entgiftung; es regt die Darmbewegung an und hilft so bei der Verdauung. Die Harnausscheidung wird durch den hohen Kaliumgehalt gesteigert. Die Wurzel enthält Inulin, eines der wichtigen Präbiotika, die unsere natürliche Bakterienflora im Darm nährt, pflegt und deren Wachstum fördert.

Noch bis vor hundert Jahren galt Löwenzahn als edle Blume, die man in Bürger- und Bauerngärten pflanzte. Als Salat- und Gemüsepflanze nutzt man ihn immerhin seit 300 Jahren. Das bekannteste Löwenzahngericht stammt aus Frankreich: »Pissenlit au lard« ist Salat

aus den Blättern mit gebratenem Speck, der mit Kartoffeldressing besonders gut schmeckt. Wenn Sie den Speck weglassen und stattdessen einige junge Knoblauchzehen in Olivenöl braten, haben Sie Frühlings-Superfood vom Feinsten!

Frauenkraut

Die Phytotherapie setzt Rotklee in der Frauenheilkunde ein, zum Beispiel gegen Beschwerden in den Wechseljahren. Denn speziell die Isoflavone in der Pflanze scheinen ähnlich zu wirken wie Östrogen. Rotklee enthält auch Flavonoide als Krampf- und Schleimlöser und Gerbstoffe für die Wundheilung, Rotklee-Extrakt hat vermutlich antioxidative und antikanzerogene Wirkung. Vierblättriger Klee gilt als Glücksbringer, und die tiefe Bedeutung liegt in der Zahl Vier: Es gibt vier Himmelsrichtungen und vier Hauptwinde, vier Lebensalter und vier Temperamente.

Selbstverständlich können Sie auch Klee mit weißen Blüten essen, den man allerdings weit seltener findet.

Superfood Brennnesseln

Sind Sie wie ich glücklicher Besitzer eines Gartens? Dann lassen Sie Brennnesseln dort wachsen, wo sie nicht stören. Denn erstens brauchen Insekten die Blätter zum Überleben: Die Raupen von Schmetterlingen wie *Tagpfauenauge* und *Kleiner Fuchs* zum Beispiel ernähren sich ausschließlich von Brennnesselblättern. Und zweitens können Sie ernten: Im Frühling gehören Brennnesseln zum ersten Grün, das unsere Vitalstoffspeicher wieder auffüllt. Die Blätter enthalten reichlich Kieselsäure für gesunde Haut, kräftige Nägel und schönes Haar. Brennnessel-Absud für die Haarwäsche regt die Durchblutung der Kopfhaut an, stoppt Schuppenbildung und oft sogar Haarausfall. Brennnesselsaft können Sie selbst pressen, als Smoothie mixen (→ Seite 63) oder im Reformhaus kaufen; er stimuliert den Stoffwechsel, wirkt harntreibend und fördert die Verdauung. Phenolsäuren und Flavonoide im Saft sind wichtige Substanzen gegen Entzündungen und damit verbundene Beschwerden.

BRENNNESSEL-PÄCKCHEN

Zutaten für 4 Portionen

700 g Brennnesseln
2 Handvoll Rucola
100 g Ricottakäse
1 Ei
2 EL Sahne
2 EL Zitronensaft
Salz nach Belieben
Frisch gemahlener Pfeffer
Etwas geriebene Muskatnuss
200 g dreieckige Filoteigblätter
5 EL Olivenöl
Öl zum Braten

1 Die Brennnesseln verlesen, gründlich waschen und in einem Topf mit reichlich kochendem Wasser einmal kräftig aufkochen. Die Brennnesseln auf ein Sieb abgießen und abkühlen lassen. Dann mit den Händen gut ausdrücken und mit dem Wiegemesser zerkleinern. Die Rucola waschen und mit einer Küchenschere fein schneiden.

2 Für die Füllung die Brennnesseln mit Rucola und Ricotta in eine Schüssel geben. Das Ei trennen und das Eiweiß hinzufügen. Das Eigelb in einem Schälchen mit der Sahne verquirlen und zum Bestreichen beiseite stellen.

3 Die Brennnesselmischung mit Zitronensaft, Salz, Pfeffer und Muskatnuss würzen und alles gut verrühren. Die Filoteigblätter nacheinander auf der Arbeitsfläche ausbreiten, jeweils mit Öl bestreichen und mit Brennnesselfüllung belegen.

4 Die Päckchen nun falten: Zuerst eine Teigecke über die Füllung zur langen Seite des Dreiecks legen. Dann die Ecken links und rechts über die Füllung nach innen klappen, sodass ein dreieckiges Päckchen entsteht. Das Päckchen wenden und mit dem verquirlten Ei bestreichen. Nun die beiden überstehenden Teigspitzen auf die bestrichene Seite legen und andrücken.

5 Die Päckchen in einer Pfanne mit heißem Öl portionsweise bei mittlerer Hitze in etwa 5 Minuten goldbraun backen, dabei einmal wenden. Warm oder kalt servieren.

MARINIERTER LACHS MIT INGWER

ZUTATEN FÜR 4 PORTIONEN

- 500 g frisches Lachsfilet
- 1 daumenlanges Stück frischer Ingwer
- 1 Frühlingszwiebel
- Salz nach Belieben
- Frisch gemahlener Pfeffer
- 250 ml frisch gepresster Limettensaft
- 2 EL Sesamkörner

1 Den Lachs kalt abspülen, mit Küchenpapier trockentupfen und dann in knapp 1 cm große Würfel schneiden. Die Würfel in eine Porzellan- oder Glasschüssel legen.

2 Den Ingwer schälen und zuerst in dünne Scheiben, dann in feine Streifen schneiden. Die Frühlingszwiebel putzen, waschen und mit allen saftigen grünen Blättern in feine Ringe schneiden.

3 Die Fischwürfel mit Ingwer, Zwiebelringen, Salz, Pfeffer und Limettensaft mischen und zugedeckt im Kühlschrank 2 Stunden ziehen lassen; dabei immer wieder vorsichtig umrühren, damit der Fisch die Marinade gleichmäßig aufnimmt.

4 Die Fischwürfel mit einer Gabel aus der Marinade auf Portionsteller legen, dann die Marinade darüber verteilen. Den Lachs mit dem Sesam bestreuen und servieren.

GESUNDES DUO – EXOTISCH

Ingwer wird von Experten so gelobt wie Knoblauch, weil er zu den pflanzlichen Lebensmitteln gehört, die krebserregende Substanzen unschädlich machen. In Asien setzt man ihn gegen Rheuma, Muskel- und Zahnschmerzen ein. Frischer Ingwer hilft bei der Verdauung, lindert Magenkrämpfe und Blähungen. Grüner Tee mit frisch geriebenem Ingwer treibt den Schweiß bei Erkältungen, wirkt vermutlich gegen Seekrankheit und seelischen Stress.

Sesam festigt Knochen und Zähne durch Calcium und beruhigt die Nerven durch Magnesium. Die würzigen kleinen Körnchen halten das Blut in Fluss, stärken Leber und Nieren, sollen hilfreich bei Blähungen und trägem Darm sein: Streuen Sie einmal einen Löffel geröstete Sesamkörner übers Frühstücksmüsli, wenn nichts mehr »geht«.

KÄSEBROTE MIT CHILI UND PAPRIKA

ZUTATEN FÜR 4 PORTIONEN

- 2 mittelgroße rote Paprikaschoten
- 1 mittelscharfe rote Chilischote
- 1 Knoblauchzehe
- 6 EL Olivenöl
- Salz nach Belieben
- 1 TL getrockneter Oregano
- 8 Scheiben Roggen- oder Weizenbaguette
- 200 g Ziegen-Rohmilchkäse
- Frisch gemahlener Pfeffer

1 Die Paprikaschoten und die Chilischote waschen, halbieren, putzen und in kleine Stücke schneiden, den Knoblauch schälen und fein zerkleinern. Alle drei Zutaten mit 1 EL Öl in einer Pfanne bei schwacher Hitze etwa 3 Minuten braten, dann mit Salz und Oregano würzen.

2 Die Brotscheiben auf ein Backblech legen, mit 3 EL Olivenöl beträufeln und mit den gebratenen Schoten aus der Pfanne belegen. Den Ziegenkäse in Stücke schneiden und auf den Schoten verteilen. Den Käse mit dem restlichen Öl beträufeln und mit grobem Pfeffer aus der Mühle bestreuen.

3 Die Käsebrote im vorgeheizten Backofen bei 220 °C etwa 5 Minuten backen, bis der Käse leicht zerläuft.

Die Chilischärfe tut dem Körper wohl: Capsaicin kurbelt den Kreislauf an, fördert die Durchblutung, macht Hitze erträglicher und wirkt gegen Darminfektionen.

Im Sommer und auf Urlaubsreisen in heißen Ländern sind scharf gewürzte Speisen deshalb ideal.

Gesunde Schärfe

Egal, ob das Essen mit Cayennepfeffer, chilischarfen Pasten, frischen oder getrockneten Chilischoten oder mit Peperoni gewürzt ist, immer wirken die Speisen desinfizierend und belebend. Auch Gewürzpaprika enthält den Superstoff Capsaicin, allerdings in wesentlich geringeren Mengen.

Chilis und in geringerem Maß auch Paprikaschoten enthalten Capsaicin, einen brennend scharfen Stoff. Vor allem die Küchen des Südens verwenden Chilischärfe oft in geradezu schweiß- und tränentreibenden Mengen. An feuriges Chiliöl aus Lateinamerika, rote Currypaste aus Thailand oder indonesische Kartoffeln mit zehn Chilischoten müssen sich viele Mittel- und Nordeuropäer erst gewöhnen. Ich erinnere mich an ein Abendessen in Sri Lanka, bei dem mich die Dame des Hauses davon abhielt, eine Würzpaste zu kosten – die sei zu scharf für mich, erklärte sie mir. Dort lernte ich auch, wie man sich verhält, wenn man meint, Mund und Rachen stünden in Flammen. Nicht trinken, sondern essen, heißt die Regel: ein wenig trockenen Reis oder ein Stückchen Brot. In den »Curryländern« bekommt man mit den Speisen ein Schälchen frisch geraspelte Kokosflocken serviert, denn Kokos mildert die Schärfe. Man streut die Flocken über das Essen, und der Flockenverbrauch ist anfangs sehr hoch. Doch Zunge und Gaumen gewöhnen sich bald ans Scharfe, bis man die Flocken mit ihrem wunderbaren Aroma nur noch als Würze verwendet.

Gegen Hexenschuss

Jeder kennt die großen Pflaster, die man bei Hexenschuss, Verstauchungen und Rheuma auf die schmerzenden Körperregionen klebt. Die Pflaster erhalten Capsaicin, das durch die Haut eindringt, die winzigen Blutgefäße erweitert und die Nervenenden anregt. Die Wärme, die dabei entsteht, unterstützt den Organismus beim Kampf gegen die Entzündung. Doch Vorsicht: Präparate mit Chili darf man nur kurze Zeit anwenden, sonst kann es zu Hautreizungen kommen.

FRÜHLINGS-KÄSECREME

ZUTATEN FÜR 4 PORTIONEN

1 kleine rote Zwiebel

1 Bund Schnittlauch

500 g Magerquark

2 EL Mascarpone

Salz nach Belieben

Frisch gemahlener Pfeffer

¼ TL edelsüßes Paprikapulver

1 Prise Zucker

1 Die Zwiebel schälen und fein würfeln. Den Schnittlauch waschen, trockentupfen und in feine Röllchen schneiden.

2 Den Quark mit dem Mascarpone glattrühren. Zwiebel und Schnittlauch untermischen. Den Quark mit Salz, Pfeffer, Paprika und Zucker kräftig würzen.

TIPP

Die Creme schmeckt wunderbar zu selbst gebackenem Gerstenbrot (→ Seite 99), zu *Thymiankeksen* (→ Seite 104) oder – mit etwas Buttermilch vermischt – als Sauce zu *Gebratenem Gemüse* (→ Seite 66).

BUNTER KRÄUTERJOGHURT

ZUTATEN FÜR 4 PORTIONEN

1 Handvoll Bärlauchblätter

1 Handvoll Dillzweige und -blüten gemischt

1 Tomate

1 Minigurke

1 Frühlingszwiebel

500 g Vollmilchjoghurt

2 Knoblauchzehen

Salz nach Belieben

1 große Messerspitze Agavensirup

Frisch gemahlener Pfeffer

1 Bärlauch, Dill, Tomate, Gurke und Frühlingszwiebel waschen und trockentupfen. Die Kräuter grob zerkleinern, Tomate und Gurke klein würfeln, die Frühlingszwiebel putzen und mit den saftigen grünen Blättern in feine Ringe schneiden.

2 Alle zerkleinerten Zutaten mit dem Joghurt in einer Schüssel mischen. Den Knoblauch schälen und durch die Presse dazudrücken, dann den Joghurt mit Salz, Agavensirup und Pfeffer abschmecken.

TIPP

Der Kräuterjoghurt oben und die *Knoblauchcreme* (→ Seite 120) schmecken nur mit frischen, möglichst rosa-violetten Knoblauchzwiebeln, die im Frühsommer und im Herbst auf den Markt kommen. Knoblauch aus der Lagerung ist viel zu intensiv.

HÄHNCHENCURRY MIT OBST

Zutaten für 4 Portionen

400 g Hähnchenbrustfilet
1 Bio-Zitrone
1 Stück Hokkaidokürbis (etwa 200 g)
1 säuerlicher Apfel (Cox Orange)
1 feste Birne
100 ml Gemüsebrühe
200 g Joghurt (10 %)
2 EL Erdnussöl
1 EL Butter
Salz nach Belieben
Frisch gemahlener Pfeffer
½ TL Lebkuchengewürz
1 EL gehackte Petersilie

1 Das Fleisch trockentupfen und in mundgerechte Stücke schneiden. Die Zitrone heiß abwaschen, trockenreiben und etwa 1 TL Schale auf einen kleinen Teller abreiben. Die Zitrone dann auspressen und das Fleisch mit 2 EL Saft vermischen.

2 Den Kürbis waschen, von den Kernen befreien und würfeln. Den Apfel und die Birne vierteln, schälen, entkernen und in Stücke schneiden. Alle drei Zutaten mit dem restlichen Zitronensaft, der Gemüsebrühe und dem Joghurt im Mixer pürieren.

3 Diese Obstmischung in einen Topf geben und unter Rühren aufkochen, dann zugedeckt bei schwacher Hitze 10 Minuten sanft köcheln lassen.

4 Inzwischen das Öl und die Butter in einer Pfanne oder im Wok erhitzen und das Fleisch darin rundherum anbraten und ganz leicht bräunen. Mit Salz und Pfeffer, dem Lebkuchengewürz und der abgeriebenen Zitronenschale würzen und unter weiterem Rühren etwa 2 Minuten braten.

5 Nun die heiße Obstmischung zum Fleisch gießen und erhitzen, aber nicht stark aufkochen. Das Fleisch zugedeckt bei schwacher Hitze etwa 10 Minuten köcheln lassen, dabei immer wieder umrühren. Dann mit der Petersilie bestreut zu frisch gekochtem Reis servieren.

Curry, mal regional

Für das Curry brauchen Sie keine exotischen Zutaten, sondern nur Obst und Kürbis, die bei uns wachsen. Lebkuchengewürz hat man meist im Schrank, frische Bio-Zitronen im Obstkorb.

KNOBLAUCHCREME

Zutaten für 4 Portionen

- 4 große frische Knoblauchknollen
- 2 EL Zitronensaft
- 2 EL Olivenöl
- 2 EL Mandelmus
- Salz nach Belieben
- Frisch gemahlener Pfeffer
- Dill oder beliebige andere Kräuter zum Bestreuen

1 Die Knoblauchknollen so schälen, dass die äußeren Häute entfernt sind und die einzelnen Zehen frei liegen. Die Knollen quer halbieren und mit den Schnittflächen nach unten in eine ofenfeste Form legen. Den Zitronensaft und das Olivenöl in die Form geben und den Knoblauch zugedeckt im vorgeheizten Backofen bei 180 °C in etwa 1 Stunde weich backen.

2 Den Knoblauch aus dem Ofen nehmen und einige Minuten abkühlen lassen. Das weiche Fleisch aus den Häuten in die Form drücken. Mit dem Zitronensaft und dem Öl in der Form verrühren und in eine Schüssel geben. Das Mandelmus hinzufügen und das Knoblauchpüree damit verrühren. Dann mit Salz und Pfeffer abschmecken und mit gehackten Kräutern zu Röstbrot servieren.

Speziell der Wirkstoff Allicin bekämpft Infektionen, indem er vermutlich die Zellen der eingedrungenen Mikroorganismen – Pilze, Viren und Bakterien – schädigt.

So stärkt Allicin das Immunsystem und sorgt für eine gesunde Darmflora.

Knoblauch & Co.

Genauso nutzt man Knoblauchgrün, das Sie selbst ziehen können: Die Zehen wie Zwiebeln in einen Blumentopf mit Erde stecken und regelmäßig, aber sparsam gießen. Im Gartenbeet stecken Sie die Zehen im Oktober, damit Sie das Grün im Frühling ernten können.

Wie Zwiebeln, Schnittlauch, Porree und Bärlauch gehört auch Knoblauch zu einer Klasse, die höchst unterschiedliche Pflanzen hervorbringt: aristokratischen Spargel, die uralte Droge Aloe vera und symbolträchtige Lilien, die Göttinnen und Elfen, Engeln und Heiligen als Attribute zugeordnet sind. Botanisch nüchtern formuliert: Alle zählen zur *Allium*-Familie der Liliaceae, und wir Menschen kennen, sammeln und kultivieren sie seit Jahrtausenden als Gewürz, Gemüse und Arznei.

Alle bilden aromatische Blätter mit wertvollen Inhaltsstoffen, die man bereits zeitig im Jahr pflücken kann: Frühlingszwiebeln und Schnittlauch sind Ihnen natürlich bekannt, und Bärlauch mit seinen großen Blättern gibt als würziges Grünzeug richtig aus; er bleibt in Salat und Rohkost ganz knackig-zart, schmeckt kurz gedünstet und in herzhaftem Gebäck.

Gesundheitsknollen

Pflanzen enthalten viele Substanzen, die unsere Gesundheit fördern, weil sie positiv in den Stoffwechsel eingreifen. Zu diesen Bioaktiv-Stoffen gehören auch Schwefelverbindungen mit ihrem strengen Geruch – in Knoblauch & Co. ja reichlich vorhanden! Diese Sulfide wirken gegen Arteriosklerose, weil sie das Blut verdünnen: Es gerinnt langsamer, der Körper wird besser durchblutet, Blutgerinnsel und Gefäßablagerungen können sich nicht so leicht bilden. Doch nicht nur deshalb empfehlen Experten, Zwiebeln, Porree, Bärlauch, Schnittlauch und Knoblauch jeden Tag zu essen: Allium-Gewächse fördern die Verdauung, weil sie den Gallenfluss anregen, sie regulieren den Fettstoffwechsel und senken den Cholesterinspiegel. Überdies halten sie den Blutdruck auf einem gesunden Maß, indem sie ein Enzym hemmen, das an der Entstehung von Hypertonie beteiligt ist.

ANTI-STRESS-TEE

ZUTATEN FÜR 1 PORTION

1 Handvoll frische Oreganozweige mit Blüten

¼ TL getrocknete Lavendelblüten

1 TL getrocknete Blüten von Ringelblumen

1 große Tasse siedendes Wasser

Einige Spritzer Zironensaft

1 TL Honig

1 Die Oreganozweige waschen und in ein Kännchen legen. Lavendelblüten und Ringelblumen hinzufügen und alles mit dem siedenden Wasser übergießen.

2 Zugedeckt 6 Minuten ziehen lassen, dann durch ein feines Sieb in eine Tasse abgießen. Den Tee nun mit Zitronensaft würzen, mit Honig süßen und warm trinken.

TIPP

Petersilie, Dill, Schnittlauch, Kerbel und Koriander sind keine Teekräuter, sondern Speisewürze. Weil sie getrocknet nur nach Heu schmecken, packt man sie lieber frisch gepflückt in Schraubgläser und friert sie ein.

MAGENTEE

ZUTATEN FÜR 1 PORTION

1 frischer Minzezweig

2 Handvoll getrocknete Schafgarbenblätter und Blüten

1 TL getrocknete Fenchelsamen

1 TL Rosmarinblüten

1 große Tasse siedendes Wasser

1 TL Honig

1 Die Minze waschen und in ein Kännchen legen, Schafgarbe, Fenchel und Rosmarin hinzufügen und alles mit dem siedenden Wasser übergießen.

2 Dann zugedeckt 10 Minuten ziehen lassen. Mit Honig süßen und in kleinen Schlucken warm trinken.

Zum Trocknen schneiden Sie die Zweige der Kräuter ab, binden sie in Büscheln zusammen und hängen sie an einen hellen Platz, jedoch nicht in die Sonne.

Wenn Sie die Samen gewinnen wollen, legen Sie ein Tuch unter die Kräuterbüschel.

KRÄUTERTEE

Dafür können Sie frische und getrocknete Kräuter nehmen, außerdem Samen und Blüten. Zum Trocknen eignen sich die mediterranen Kräuter Oregano, Thymian, Rosmarin, Bohnenkraut, Majoran und Lavendel. Estragon ist ebenfalls ein gutes Trockenkraut, weil er dabei noch mehr Aroma entwickelt. Dill, Gewürzfenchel und Koriander lassen Sie blühen, denn nur die ausgereiften, getrockneten Samen sind feine Würze – für Tee, aber auch zum Einlegen, für Marinaden und Beizen. Blüten von Ringelblumen, Kamille, Schafgarbe, Klee, Taubnesseln und Holunder werden getrocknet. Beifuss müssen Sie schon vor der Blüte im Juli pflücken: Die geschlossenen Knospen schmecken aromatisch, später sind sie zu bitter.

Die Volksmedizin empfiehlt:

* Holunderblütentee zur Blutreinigung bei unreiner Haut und zum Entschlacken im Frühjahr.
* Tee mit Rotkleeblüten bei Husten und Atemwegserkrankungen, auch bei Keuchhusten.
* Tee aus Kraut und/oder Blüten von Schafgarbe bei Frühjahrs- und Herbstkuren zur Blutreinigung, gegen Schwindel, bei nervösen Magen- und Darmbeschwerden und zur Stärkung der Blutgefäße, vor allem der Venen.
* Taubnesselblütentee bei Menstruationsbeschwerden, zur Blutreinigung und zur Beruhigung: Taubnesselblüten sollen Nervosität lindern und den Schlaf fördern.

Öl mit Kräutern

Zutaten für etwa 100 ml

- 1 Zweig Rosmarin
- 1 Lorbeerblatt
- 1 Stück getrocknete Tomate
- 1 milde Chilischote
- 125 ml Olivenöl

1 Den Rosmarin und das Lorbeerblatt waschen, trockentupfen und fein zerkleinern. Die Tomate in kleine Stücke schneiden. Die Chilischote waschen, trockentupfen und halbieren.

2 Alle Zutaten in ein Schraubglas geben und mit dem Öl übergießen. Mit einer Gabel mischen, dann das Glas verschließen und das Öl an einem dunklen Ort mindestens 1 Tag ziehen lassen.

Öl selber mischen

Selbst gemischtes Öl ist einfach der Hit für bunte Salate. Es schmeckt auf Brot und Toast, würzt Marinaden, Suppen und Saucen. Allerdings bereite ich nie eine ganze Flasche zu, sondern immer nur kleine Portionen. Denn das sorgt für mehr Abwechslung und vor allem für Mischungen, die immer frisch und aromatisch schmecken. Wenn Sie eine Würzmischung besonders gern mögen, füllen Sie einfach wieder Öl nach. Und wenn Sie lieber neues Öl zubereiten, verwenden Sie den Rest des alten zum Schmoren: Das Ölbad hat nämlich die Aromen von Kräutern, Chili und Gewürzen richtig eingeschlossen, sodass sie nun Gemüse und Fleisch, Fisch und Geflügel einen wunderbaren Geschmack geben.

Öl richtig wählen

Die Ölsorte entscheidet über die Zubereitung: Wenn Sie Oliven-, Erdnuss- oder Sonnenblumenöl gemischt haben, können Sie das Würzöl zum Braten, Dünsten und Schmoren verwenden. Andere kalt gepresste Öle aus Nüssen und Kernen eignen sich nur für kalte Gerichte, denn beim Erhitzen geht das Aroma verloren, und es können sich sogar gesundheitsschädliche Stoffe bilden.

EIWEISS SICHERN

Ohne Eiweiß kein Leben: Proteine bestimmen Aufbau, Funktion und Stoffwechsel all unserer Zellen. Deshalb brauchen wir diesen Grundnährstoff täglich.

BESTE EIWEISSSPENDER

Unser Organismus braucht laufend Eiweiß – ob Sie am Computer arbeiten oder joggen, ob Sie mit der U-Bahn ins Büro fahren oder sich am Wochenende eine wohlverdiente Auszeit gönnen. Selbst Schlafen kostet Energie, weil unsere Stoffwechselvorgänge rund um die Uhr ablaufen und ausreichend Brennstoff brauchen, um reibungslos zu funktionieren. Proteine bilden die Struktur unserer Zellen; sie sind an Aufbau und Erhaltung der Körpermasse beteiligt, sind zum Beispiel Gerüstsubstanzen in Bindegewebe und Knochen. Alle Enzyme und viele Hormone werden aus Eiweiß aufgebaut. Eiweiß ist zudem unser bester und effektivster Brennstoff: Die Verdauung von Protein kostet mehr Energie als die von anderen Nährstoffen: etwa 25 Prozent der zugeführten Eiweißkalorien braucht der Körper allein für deren Verbrennung. Bei Kohlenhydraten sind es bis zu 15 Prozent, bei Fett weniger als 3 Prozent. Eiweiß verwertet man also am gründlichsten, und zwar mit dem höchsten Energieaufwand. Kurz: Proteine spielen bei all unseren Lebensvorgängen eine wesentliche Rolle. Das heißt, wir müssen ständig genug davon kriegen.

Eiweiss ohne Fleisch

In den Industrienationen essen immer mehr Menschen vegetarisch, und inzwischen verzichten auch viele auf jegliche tierische Lebensmittel. Für Vegetarier, die Milchprodukte und Eier auf den Speisezettel setzen, ist die Proteinversorgung kein Problem (→ Kasten). Wer vegan lebt, muss sich umfassend infor-

Wertvolle Proteinquellen auf einen Blick

- Kartoffeln mit Milchprodukten oder Eiern
- Nudeln, Vollkornbrot oder Getreide mit Eiern
- Vollkornbrot mit Hülsenfrüchten
- Vollkornbrot mit Käse, Quark oder Frischkäse
- Tofu mit Nudeln oder Reis
- Nudeln mit Milch, Sahne und/oder Käse
- Hülsenfrüchte mit Nüssen, Milchprodukten oder Eiern
- Bohnen mit ganzen Maiskörnern oder Maisgrieß (Polenta)

mieren, um Eiweiß-, Fettsäuren- und Vitaminbedarf zu decken. Dabei kann dieses Buch helfen, doch es ist, wie bereits im Vorwort erwähnt, kein Vegan-Kochbuch (→ Seite 9).

Als pflanzliche Eiweißquellen dienen Getreide und Hülsenfrüchte und selbstverständlich auch Soja und Tofu. Da diese jedoch nicht zu unseren heimischen Lebensmitteln gehören, kommen sie auch nur in wenigen Rezepten dieses Buches vor.

Milchprodukte und Käse sind die besten Quellen für den Mineralstoff Calcium, der die Knochen stärkt und alle Muskeln *schmiert.* Calciummangel kann Krämpfe, Atemnot, Magendrücken und Herzbeschwerden verursachen.

Eiweiss optimal verwerten

Am besten nutzen wir Protein, wenn der Körper möglichst viel eigenes Protein daraus bilden kann. Das Essen muss so hochwertiges Eiweiß enthalten, dass der Körper es quasi *ohne Abfall* verwerten kann. Im Idealfall bildet er also aus 100 Gramm Nahrungs- auch dieselbe Menge Körpereiweiß.

Problemlos funktioniert die hochwertige Eiweißversorgung, wenn wir Eier mit pflanzlichen Produkten kombinieren: Bratkartoffeln mit Spinat und Spiegelei oder *Pasta-Salat mit Eiersauce* (→ Seite 140) liefern Ihnen mehr gutes Eiweiß als ein Essen mit Fleisch. Wer keine Eier mag, ist mit Milchprodukten und Pflanzenkost bestens versorgt: *Selbst gemachtes Müsli* (→ Seite 198) zum Frühstück oder *Käsebrote mit Chili und Paprika* (→ Seite 114) zum Abendessen liefern Ihnen um ein Viertel mehr Eiweiß als eine Wurststulle oder eine Hähnchenkeule. Dank dieser sogenannten biologischen Wertigkeit können wir also fleischlos leben, ohne Eiweißmangel fürchten zu müssen. Starke Eiweißpakete für Veganer sind Hülsenfrüchte, Sojamehl, Nüsse und Mais in der richtigen Kombination: *Buchweizen mit Pilzen* (→ Seite 146), *Bohnencreme* mit *Knusperbrot* (→ Seiten 144 und 142) oder *Bohnen-Minestrone mit Brot* (→ Seite 132).

Satt und fit

Vor allem zwei Vitamine sorgen dafür, dass wir Fleisch für unsere Ernährung nicht unbedingt brauchen und mit pflanzlichen Lebensmitteln gut versorgt sind: Biotin aus Soja, Weizen, Haferflocken, Champignons, Avocados, Milch und Eiern hält den Blutzuckerspiegel konstant, sodass wir nicht von Heißhunger überfallen werden. Und es produziert gesunde Fettsäuren, die unsere Gefäße schützen und schonen. Pantothensäure aus Pilzen, Erdnüssen, Naturreis, Brokkoli, Eiern und Tofu hilft dem Stoffwechsel beim Umbau von Nahrungseiweiß in körpereigenes Protein.

Milchzucker vermeiden

Laktoseintoleranz wird durch einen Mangel an Laktase verursacht. Dieses Enzym braucht der Körper, damit er im Dünndarm den Milchzucker – Laktose – in Glukose und Galaktose (Milchsäure) spalten kann. Klappt diese Spaltung nämlich nicht oder nicht vollständig, so gelangt die Laktose in die unteren Darmabschnitte, und zwar zu den Darmbakterien, die eigentlich auf Galaktose warten, um sie zusammen mit Ballaststoffen zu *fressen*. Kommt keine Galaktose, machen sich die Bakterien einfach selbst an die Arbeit, vergären die Laktose zu Milchsäure, doch leider

auch zu lästigen Gasen, die keiner braucht – weder Sie noch Ihre nützliche Darmflora. Und diese Gase verursachen die typischen Beschwerden. Wer Milchzucker nicht verträgt – das sind mehr als 80 Prozent der Weltbevölkerung –, kann gewöhnlich laktosefreie Milch, Sahne, probiotischen Joghurt sowie Hartkäse, Schnittkäse, Weichkäse und Sauermilchkäse essen.

Sonnenblumenkerne enthalten die essenzielle Aminosäure Tryptophan, die unseren Heißhunger auf Süßes stoppt.

Eisenspeicher füllen

Essen Sie eisenreiche pflanzliche Lebensmittel wie Linsen, weiße Bohnen, Naturreis, Haferflocken, Roggenbrot und Weizenvollkornbrot, Trockenobst und frisches Gemüse. Gemüse mischen Sie mit Petersilie, zum Salat nehmen Sie Zitronensaft statt Essig, zum Müsli trinken Sie ein Gläschen Orangensaft. Denn diese Vitamin-C-reichen Produkte helfen dem Körper, das »Nahrungseisen« gut zu verwerten. Dass auch Vegetarier genügend Eisen bekommen, haben viele Studien gezeigt.

BOHNEN-MINESTRONE MIT BROT

ZUTATEN FÜR 4 PORTIONEN

200 g weiße Bohnen

1 EL Gemüsebrühe-Extrakt

1 TL getrocknetes Bohnenkraut

1 große Zwiebel

1 Stück Knollensellerie (etwa 150 g)

2 mittelgroße Pastinaken

4 EL Olivenöl

2 Scheiben Bauernbrot, möglichst Vollkornbrot

Salz nach Belieben

Frisch gemahlener Pfeffer

1 Die Bohnen in einen Topf geben, mit reichlich Wasser übergießen und zugedeckt etwa 8 Stunden einweichen.

2 Für die Zubereitung die Bohnen auf ein Sieb abgießen. Dann mit 1 Liter frischem Wasser, dem Gemüsebrühe-Extrakt und dem Bohnenkraut in einen Topf geben, aufkochen und zugedeckt bei schwacher Hitze etwa 1 ½ Stunden garen, bis die Bohnen weich sind.

3 Inzwischen die Zwiebel schälen und fein hacken. Den Sellerie und die Pastinaken schälen, waschen und in kleine Würfel schneiden. 1 EL Olivenöl in einer Pfanne erhitzen und die Zwiebel darin bei schwacher Hitze glasig braten. Die Gemüsewürfel hinzufügen und unter Rühren etwa 2 Minuten anbraten.

4 Das Gemüse nun aus der Pfanne zur Bohnensuppe in den Topf geben und unterrühren. Die Suppe erneut aufkochen und noch einmal etwa 5 Minuten garen, bis das Gemüse gerade eben bissfest ist.

5 Das restliche Öl in der Pfanne erhitzen. Die Brotscheiben grob zerkleinern, im heißen Öl rundherum braun rösten und dann in tiefe Teller legen. Die Suppe mit Salz und Pfeffer abschmecken und über dem Brot verteilen.

EIWEISS-POWER

Hülsenfrüchte wie weiße Bohnen und Vollkornbrot sind wertvolle Proteinquellen, wenn Sie kein Fleisch essen. Einen zusätzlichen Eiweißschub bekommen Sie auch mit Nüssen, die Sie auf die fertige Suppe streuen, oder mit einem Löffel saurer Sahne, Joghurt oder Schmant auf Ihrer Suppenportion.

KÜRBIS-MÖHREN-SUPPE

ZUTATEN FÜR 4 PORTIONEN

- 1 Stück Buttercup oder Hokkaido-Kürbis (etwa 400 g)
- 2 große Möhren
- 2 Knoblauchzehen
- 2 Zweige Petersilie
- 1 EL Butter
- 600 ml Gemüsebrühe (instant)
- 200 g Crème fraîche
- 1 rosa Grapefruit
- Salz nach Belieben
- Etwas geriebene Muskatnuss
- 1 Messerspitze abgeriebene Bio-Orangenschale
- 1 EL Sonnenblumenöl
- 2 EL Kürbiskerne
- Basilikum oder Petersilie zum Garnieren

1 Den Kürbis waschen und von den Kernen befreien, die Möhren schälen und beide Zutaten in kleine Würfel schneiden. Den Knoblauch schälen und fein hacken, die Petersilie waschen und fein zerkleinern.

2 Die Butter in einem Topf erhitzen. Den Kürbis, die Möhren, den Knoblauch und die Petersilie darin bei schwacher Hitze unter häufigem Wenden etwa 5 Minuten dünsten.

3 Die Brühe und 2 EL Crème fraîche zugeben, unter Rühren aufkochen und alles etwa 20 Minuten zugedeckt garen, bis Kürbis und Möhren ganz weich sind.

4 Die Grapefruit auspressen, den Saft mit der restlichen Crème fraîche zum Gemüse im Topf geben. Nun alles mit dem Stabmixer pürieren und die Suppe noch einmal erhitzen, dann mit Salz, Muskat und Orangenschale abschmecken.

5 Während die Suppe gart, das Öl in einer kleinen Pfanne erhitzen und die Kürbiskerne unter ständigem Wenden darin etwa 1 Minute braten.

6 Die Suppe in gut vorgewärmten Portionsschälchen anrichten, die Kürbiskerne mit dem Bratöl in die Portionen geben und die Suppe mit Basilikum oder Petersilie garniert möglichst heiß servieren.

SUPERFOOD KÜRBISKERNE

Sie helfen Frauen und Männern bei gereizter Blase, bringen den Cholesterinhaushalt in eine gesunde Balance und regulieren den prostataspezifischen Hormonstoffwechsel. Kürbiskernöl gilt aufgrund des Selengehalts als krebsvorbeugend.

KICHERERBSENSUPPE

ZUTATEN FÜR 4 PORTIONEN

- 1 Bund Frühlingszwiebeln
- 2 mittelgroße Petersilienwurzeln
- 2 EL Öl
- 1 gehäufter TL Currypulver
- 1 Dose Kichererbsen
- 1 l Wasser
- 1 EL Gemüsebrühe-Extrakt
- 1 TL getrockneter Majoran
- 125 g Sahne oder Sojasahne
- Salz nach Belieben
- Frisch gemahlener Pfeffer

1 Die Frühlingszwiebeln putzen, waschen und mit den saftigen grünen Blättern in etwa fingerbreite Stücke schneiden. Die Petersilienwurzeln schälen, waschen und in dünne Stifte schneiden.

2 Das Öl in einem Kochtopf erhitzen, die Frühlingszwiebeln und die Petersilienwurzeln zugeben und mit dem Currypulver bestreuen. Das Gemüse unter Rühren leicht anbraten, dann zugedeckt bei mittlerer Hitze in etwa 15 Minuten weich dünsten.

3 Inzwischen die Kichererbsen auf einem Sieb kurz kalt abspülen und etwa ¾ davon in einen Topf geben. Das Wasser, den Brühe-Extrakt und den Majoran hinzufügen. Die Kichererbsen aufkochen und zugedeckt bei schwacher Hitze 5 Minuten garen.

4 Das Gemüse zu den Kichererbsen geben und alles mit dem Stabmixer pürieren, dabei die Sahne oder Sojasahne zugeben. Die Suppe mit den restlichen Kichererbsen noch einmal aufkochen, dann mit Salz und Pfeffer abschmecken.

LOB DER GUTEN SUPPE

An klammen Wintertagen hilft scharf gewürzte heiße Suppe besser als heißer Tee: Schärfe wärmt Sie von innen, Gemüsebrühe gleicht eventuellen Mineralstoffmangel aus. Würzen Sie mit Currypulver wie im Rezept oben, ein paar Tropfen Chiliöl oder etwas fein geschnittenem Ingwer. Im Sommer ist Suppe ein ausgezeichneter Durstlöscher: Denn während Mineralwasser einfach *durchläuft*, regt sauer gewürzte Suppe – genau wie Salat und Obstbrei – den Organismus zur Selbsthilfe an. Wir speichern die natürliche Flüssigkeit in Gemüse, Salat und Obst viel besser als Wasser oder Brühe allein. Fürs gesunde Suppe-Essen werden wir auch noch belohnt: mit straffer Haut und gut befeuchteten Schleimhäuten.

RADICCHIOHAPPEN

ZUTATEN FÜR 6 PORTIONEN

1 kleines Stück Gorgonzolakäse (etwa 20 g)

2 EL Joghurt

250 g weicher Ricotta

100 g Walnusskerne

3 Zweige Petersilie

Salz nach Belieben

Frisch gemahlener Pfeffer

1–2 TL Orangensaft

2 Köpfe Radicchio

1 kleine rote Zwiebel

3 EL Olivenöl

1 EL Balsamessig

1 Den Gorgonzola mit dem Joghurt ganz fein zerdrücken, dann in einer Schüssel mit dem Ricotta verrühren. Die Walnüsse und die Petersilie hacken und untermischen, die Käsecreme mit wenig Salz, einer kräftigen Prise Pfeffer und dem Orangensaft abschmecken.

2 Vom Radicchio 12 Blätter ablösen und nacheinander auf einen Schaumlöffel legen. Nun sekundenlang in siedendes Wasser tauchen, damit sie geschmeidig genug zum Falten werden. Die Blätter sofort wieder herausnehmen, auf die Arbeitsfläche legen und trockentupfen.

3 Die Blätter etwas abkühlen lassen, dann mit der Käsecreme belegen und zusammenfalten. Wie Kohlrouladen mit Küchengarn umwickeln.

4 Den restlichen Radicchio waschen, trockenschleudern und in feine Streifen schneiden. Die Zwiebel schälen und fein zerkleinern. 1 EL Öl in einer großen Pfanne erhitzen, den Radicchio und die Zwiebel darin unter Wenden etwa 2 Minuten bei starker Hitze braten.

5 Radicchio und Zwiebeln aus der Pfanne in eine Schüssel geben, mit Salz und Pfeffer würzen und lauwarm abkühlen lassen. Nun den Essig und das restliche Öl zufügen, den Radicchio mischen und auf Portionstellern verteilen. Die gefüllten Radicchioblätter darauf anrichten.

Radicchio enthält, genau wie Auberginen, Kirschen und Beeren, zellschützende Anthocyane (→ Seite 25).

PASTA-SALAT MIT EIERSAUCE

ZUTATEN FÜR 4 PORTIONEN

Für die Sauce

4 Sardellenfilets

2 Knoblauchzehen

2 TL Dijonsenf

1 TL abgeriebene Bio-Zitronenschale

3 EL Zitronensaft

1 TL Weißweinessig

Frisch gemahlener schwarzer Pfeffer

160 ml natives Olivenöl extra

1 ganz frisches Eigelb

Für den Salat

300 g kurze Nudeln (Penne oder Farfalle)

Salz nach Belieben

2 Handvoll Rucola

400 g rote und gelbe Cocktailtomaten

1 Stück Parmesankäse (etwa 50 g)

1 Die Sardellenfilets kalt abspülen, trockentupfen und in einer Salatschüssel mit einer Gabel zerdrücken. Den Knoblauch schälen und durch die Presse dazudrücken.

2 Den Senf, die Zitronenschale und den Zitronensaft, den Essig und eine kräftige Prise grob gemahlenen Pfeffer zufügen und alles verrühren. Das Öl mit dem Schneebesen langsam darunter schlagen, bis die Sauce sämig ist. Zum Schluss das Eigelb unterrühren.

3 Die Nudeln in reichlich Salzwasser bissfest kochen. Auf ein Sieb abgießen, kurz abtropfen lassen. Dann zur Eiersauce in die Schüssel geben und damit vermischen.

4 Rucola und Tomaten waschen, die Rucola trockentupfen und grob zerkleinern. Die Tomaten halbieren und beide Zutaten zu den Nudeln geben und alles mischen.

5 Den Salat mit Salz und Pfeffer abschmecken und auf Portionstellern verteilen. Den Parmesan in Spänen über die Salatportionen hobeln.

SUPER-SALAT

Der Salat steckt voller guter Dinge: Sardellen liefern Ihnen Omega-3-Fettsäuren für Sehkraft und geistige Tätigkeit: DHA, eine dieser Substanzen, ist mengenmäßig die dominierende Fettsäure in unserem Gehirn und auf unserer Netzhaut. Das Pflanzeneiweiß in den Nudeln, kombiniert mit dem Eigelb in der Sauce, versorgt Sie mit biologisch hochwertigem Protein (→ Seite 128 f.). Und die bunten Zutaten Rucola und Tomaten geben Ihnen Carotinoide, vor allem auch Lycopin, die Herz und Kreislauf unterstützen und vor Krebs schützen.

KNUSPERBROT MIT RICOTTA-CHILIS

ZUTATEN FÜR 6 PORTIONEN

Für das Brot

200 g Dinkelmehl Type 630

50 g Haferflocken

2 EL Leinsamen

1 TL Salz

2 EL Sonnenblumenöl

250 g Sojamilch

Für die Ricotta-Chilis

2 Zweige frischer Thymian

100 g Ricotta

1 EL Joghurt

3 Stücke getrocknete Tomaten in Öl

12 große, milde rote Chilischoten

Salz nach Belieben

Man kann das Knusperbrot wie Kekse in einer gut schließenden Blechdose aufbewahren.

1 Für das Brot das Dinkelmehl mit den Haferflocken, den Leinsamen und dem Salz in einer Schüssel mischen. Das Öl und die Sojamilch hinzufügen und alles etwa 5 Minuten mit den Knethaken des Handrührgerätes zu einem glatten Teig verrühren.

2 Ein Backblech mit Backpapier auslegen, den Teig darauf verteilen und mit einem großen Messer zu einem Fladen verstreichen, der das Backblech fast bedeckt.

3 Das Blech in den vorgeheizten Backofen schieben und den Teigfladen bei 170 °C 20 Minuten backen. Aus dem Ofen nehmen, den Fladen mit einem Messer in Rechtecke schneiden, wieder in den Ofen schieben und in etwa 50 Minuten knusprig und braun backen.

4 Für die Chilis den Thymian waschen, trockentupfen und die Blättchen in ein Schälchen abstreifen. Den Ricotta und den Joghurt hinzufügen und alles zu einer glatten Creme verrühren. Die Tomaten in kleine Stücke schneiden und unter die Creme mischen.

5 Die Chilischoten waschen und trockentupfen, die Stiele großzügig abschneiden und die Kerne mit einem spitzen kleinen Messer herausschneiden, ohne dabei die Schoten zu verletzen. Die Schoten innen mit Salz würzen, dann die Ricottacreme mit einem Teelöffel hineinfüllen.

TIPP

Das Knusperbrot schmeckt ganz frisch und noch lauwarm aus dem Ofen auch zu *Bohnencreme* (→ Seite 144), zu Salat oder *Gebratenem Gemüse* (→ Seite 66). Zum Frühstück passt es ebenfalls – am besten zu Butter und Honig oder Obstkraut.

BOHNENCREME

Zutaten für 4 Portionen

2 Dosen weiße Riesenbohnen

2 Knoblauchzehen

4 EL Sesammus (Tahin; → rechts)

2–3 EL Zitronensaft

Salz nach Belieben

½ TL scharfes Paprikapulver

¼ TL gemahlener Kreuzkümmel

3 EL natives Olivenöl extra

2 EL gehackte Petersilie

6–8 schwarze Oliven

1 Die Bohnen auf ein Sieb abgießen, kalt abspülen und abtropfen lassen, dann in eine Schüssel geben. Die Knoblauchzehen schälen und durch die Presse zu den Bohnen drücken.

2 Etwa 5 EL kaltes Wasser, das Sesammus und den Zitronensaft hinzufügen und alles mit dem Stabmixer pürieren. Das Püree mit einer kräftigen Prise Salz, dem Paprikapulver und dem Kreuzkümmel abschmecken und auf einen großen flachen Teller streichen.

3 Die Bohnencreme nun mit dem Olivenöl beträufeln, mit der Petersilie bestreuen und mit den Oliven belegen. Mit Fladenbrot und zu Tomatenachteln servieren.

Tahin, eine Creme aus Sesamkörnern – ähnlich wie Erdnussbutter –, bekommen Sie in Naturkostläden und Reformhäusern.

Helles Tahin aus geschältem Sesam schmeckt mild nach Nüssen und passt am besten zur Creme.

Tipp

Bohnen gehören wie alle getrockneten Hülsenfrüchte zu den proteinreichen Lebensmitteln; hier sind sie mal nicht als Suppe, sondern wie *Hummus* zubereitet. Und genau wie diese Kichererbsencreme, eine Spezialität aus dem Nahen Osten, können Sie unsere heimische Bohnencreme mit Tomaten, Salat und Frikadellen aus Hackfleisch oder Getreideschrot in Pitabrote füllen. Oder einfach nur mit Fladenbrot auftunken.

BUCHWEIZEN MIT PILZEN

ZUTATEN FÜR 4 PORTIONEN

200 g Brokkoliröschen
1 mittelgroße Möhre
300 g Champignons
2 EL Zitronensaft
1 große Zwiebel
2 Knoblauchzehen
300 g Buchweizen
6 EL Öl
600 ml Wasser
50 g Korinthen
50 g Pinienkerne
Salz nach Belieben
Frisch gemahlener Pfeffer
1 EL gehackte Petersilie

1 Die Brokkoliröschen waschen, die Möhre schälen und in Scheiben schneiden, die Pilze putzen, waschen, halbieren und mit dem Zitronensaft mischen. Die Zwiebel und den Knoblauch schälen und fein hacken.

2 Den Buchweizen in einem Topf mit 1 EL Öl anbraten, dann mit dem Wasser aufgießen, aufkochen und zugedeckt bei schwacher Hitze 20 Minuten garen.

3 Das restliche Öl in einer Pfanne erhitzen und Zwiebel und Knoblauch darin glasig braten. Brokkoli, Möhre, Pilze, Zitronenschale, Korinthen und Pinienkerne zugeben und unter ständigem Wenden anbraten, dann zugedeckt in etwa 5 Minuten schmoren, bis das Gemüse bissfest ist.

4 Den Buchweizen mit dem Gemüse und der gehackten Petersilie mischen und mit Salz und Pfeffer abschmecken.

GUTES PFLANZENEIWEISS

Mit etwa 10 Prozent Gehalt an hochwertigem Eiweiß gehört Buchweizen zu den eiweißreichen Pflanzen. Er liefert sogar die essenzielle Aminosäure Lysin, jedoch kein Gluten: Körner und Grütze sind in der glutenfreien vegetarischen Ernährung also eine nahrhafte Alternative zu Reis und Hirse. Zudem gelten zwei der wichtigsten Inhaltsstoffe von Buchweizen als wirksame Substanzen gegen Krebs: Vitamin E »entschärft« aggressive Sauerstoffverbindungen, die den Zellen schaden, Rutin wiederum schützt vermutlich die Vitamin-E-Komponenten so, dass sie ihre Funktion erfüllen können. Zudem fördert dieses Flavonoid die Durchblutung und sorgt für elastische Blutgefäße – wichtig für Menschen, die zu Krampfadern, Ödemen und Hämorrhoiden neigen.

KANINCHEN MIT GEMÜSE

ZUTATEN FÜR 4–6 PORTIONEN

1 küchenfertiges Kaninchen (circa 1,2 kg)
2 TL Salz
Frisch gemahlener Pfeffer
2 TL abgeriebene Bio-Orangenschale
1 Gemüsezwiebel
2 Stangen Sellerie
2 rote Spitzpaprikaschoten
3 mittelgroße festkochende Kartoffeln
Etwa 400 g kleine Tomaten mit Stielen
6 EL Olivenöl
100 ml Brühe
2 Rosmarinzweige

1 Das Kaninchen schon vom Züchter in 6 bis 8 Teile zerlegen lassen. Auf einem Teller das Salz, reichlich Pfeffer und die Orangenschale mischen und die Fleischstücke darin wenden.

2 Die Zwiebel schälen und fein hacken, den Sellerie waschen und in feine Scheiben schneiden, die Paprikaschoten waschen, putzen und in Streifen schneiden. Die Kartoffeln schälen, waschen und grob würfeln, die Tomaten am Stiel nur waschen.

3 In einem großen Bräter 2 EL Öl erhitzen. Die Kaninchenstücke darin bei starker bis mittlerer Hitze rundherum braun anbraten, wieder herausnehmen und beiseite stellen.

4 Die Zwiebel und den Sellerie in den Bräter geben und anbraten. Die Kartoffeln und die Paprikaschoten untermischen und unter Rühren mitbraten. Nun das Gemüse mit Salz und Pfeffer würzen, die Brühe zugießen und den Bratensatz damit ablösen.

5 Die Kaninchenstücke auf das Gemüse legen und die Tomaten am Stiel sowie die gewaschenen Rosmarinzweige hinzufügen. Alles einmal aufkochen und zugedeckt in den vorgeheizten Backofen schieben und bei 140 °C etwa 2 Stunden schmoren.

6 Den Deckel abnehmen und das Kaninchen noch 10 bis 15 Minuten bei 220 °C bräunen.

VERANTWORTUNGSVOLL KAUFEN

Kaufen Sie Kaninchen grundsätzlich direkt bei einem Züchter, der die Tiere artgerecht hält. Denn »in der kommerziellen Kaninchenhaltung leben die Tiere wie Hühner in der Legebatterie«, so die Tierschutzorganisation *Vier Pfoten* – das heißt in drangvoller Enge mit hohem Einsatz von Medikamenten.

BUNTER LACHSSALAT

ZUTATEN FÜR 4 PORTIONEN

400 g frisches Lachsfilet

Salz nach Belieben

Frisch gemahlener Pfeffer

1 kleine Bio-Zitrone

1 dünne Stange Lauch

½ TL weiße Pfefferkörner

⅛ l Weißweinessig

2 Frühlingszwiebeln

1 kleine Salatgurke

1 mittelgroße Tomate

1 EL gehackte Petersilie

1 Das Lachsfilet kalt abspülen, trockentupfen und mit Salz und Pfeffer würzen. Die Zitrone heiß abwaschen und trockenreiben, dann 2 Scheiben abschneiden und für den Sud beiseite legen. Nun den Zitronensaft auspressen und den Lachs damit beträufeln.

2 Den Lauch putzen, waschen und mit dem saftigen Grün in Ringe schneiden. Die Ringe mit den Zitronenscheiben, den Pfefferkörnern, einer kräftigen Prise Salz und ⅛ l Wasser in einem Topf aufkochen und zugedeckt bei schwacher Hitze 5 Minuten kochen. Den Lachs zugeben und bei schwacher Hitze in etwa 6 Minuten garen.

3 Dann den Lachs herausnehmen, in eine tiefe Platte legen, mit 4 EL Fischsud beträufeln und zugedeckt ziehen lassen, bis die Marinade fertig ist.

4 Dafür den Sud durch ein Sieb gießen, mit dem Essig erneut aufkochen und bei starker Hitze auf etwa die Hälfte einkochen lassen, dann von der Kochstelle nehmen, in eine Schüssel gießen und abkühlen lassen.

5 Die Frühlingszwiebeln putzen, waschen und mit den saftigen grünen Blättern schräg in Scheibchen schneiden. Die Gurke schälen und in dünne Scheiben schneiden, die Tomate waschen und klein würfeln. Alle Zutaten zur Marinade geben, mischen und dann auf Portionstellern verteilen. Den Lachs auf dem Salat anrichten und alles mit der Petersilie bestreuen.

FENCHELTORTE MIT BUTTERMILCH

ZUTATEN FÜR 6 PORTIONEN

Für den Belag

250 ml Wasser

125 ml Apfelsaft

Saft von 1 Limette

Salz nach Belieben

1 Prise brauner Zucker

2 frische Lorbeerblätter

½ Bund frischer Thymian

4 Fenchelknollen (etwa 800 g)

1 frische rosa Knoblauchknolle

4 weiße junge Zwiebeln

Etwa 250 g Buttermilch

3 EL Schmant

Für den Teig

500 g Dinkelmehl (Type 630)

100 g feines Maismehl

2 EL frisch geriebener Pecorino-Käse

1 Päckchen Weinstein-Backpulver

½ TL gemahlener Kümmel

2 TL Salz

150 g Mai-Gouda

Fett für das Backblech

1 Das Wasser mit Apfelsaft, Limettensaft, Salz, Zucker, Lorbeerblättern und dem gewaschenen Thymian 10 Minuten im offenen Topf bei starker Hitze auf etwa die Hälfte einkochen lassen. Dann für das Gemüse durch ein Sieb in einen Kochtopf gießen.

2 Während die Brühe kocht, die Fenchelknollen putzen, waschen, halbieren und in Scheiben schneiden. Die Knoblauchknolle in die einzelnen Zehen teilen und schälen. Die Zwiebeln waschen.

3 Den Fenchel und die Zwiebeln in die heiße Brühe geben und 5 Minuten kochen lassen. Die Knoblauchzehen zugeben und alles weitere 5 Minuten garen. Das Gemüse abgießen und die Brühe für den Teig auffangen und beiseite stellen. Das Gemüse abkühlen lassen und dann mit dem Schmant mischen.

4 Dinkel- und Maismehl mit dem Pecorino, dem Backpulver, dem Kümmel und dem Salz in einer Schüssel mischen. Die Buttermilch und die aufgefangene Gemüsebrühe zugießen und alles zu einem glatten Teig verarbeiten.

5 Den Teig auf ein gefettetes Backblech streichen und mit dem Gemüse belegen. Den Gouda raspeln oder ganz klein würfeln und darauf verteilen. Den Kuchen im vorgeheizten Backofen bei 200 °C etwa 40 Minuten backen.

TIPP

Mai-Gouda wird mit Kuhmilch aus der ersten Grasfütterung im Mai hergestellt und reift etwa sechs Wochen bis Mitte Juni.

QUINOA MIT PAPRIKA UND KÄSE

Zutaten für 4 Portionen

Je 1 gelbe und rote Spitz-Paprikaschote

1 rote Chilischote

1 Zwiebel

2 Knoblauchzehen

3–4 Zweige frischer Oregano

3 EL Öl

200 g Quinoa

Etwa ½ l Gemüsebrühe

100 g trockener weißer Ziegenkäse

Salz nach Belieben

1 EL frisch gehackte Petersilie

1 Die Paprikaschoten und die Chilischote waschen, halbieren, von den Kernen und Trennwänden befreien. Die Paprikaschoten in kleine Stücke, die Chilischote in hauchfeine Streifen schneiden. Die Zwiebel und den Knoblauch abziehen, den Oregano waschen und trockentupfen. Dann die Zwiebel, Knoblauch und Oregano fein zerkleinern.

2 Das Öl in einem weiten Topf erhitzen und Paprika, Chili, Zwiebel, Knoblauch und Oregano darin bei mittlerer Hitze etwa 5 Minuten dünsten. Quinoa und Brühe zugeben, aufkochen und zugedeckt bei schwacher Hitze 15 Minuten garen.

3 Den Käse mit einer Gabel zerdrücken, untermischen und erhitzen. Quinoa mit Salz abschmecken und mit der Petersilie bestreut anrichten. Original-Beilage zu diesem Essen sind Kartoffeln.

Heute wird Quinoa auch in Deutschland angebaut, allerdings in sehr geringen Mengen.

Importe kommen aus Peru und Bolivien, wo der Quinoa-Anbau im Rahmen von Entwicklungsprojekten gefördert wird.

Quinoa historisch

Wenn Sie Quinoa in kaltem Wasser waschen, bildet sich Schaum. Das liegt an den Saponinen, die Pflanzen zu ihrem eigenen Schutz bilden. Diese bitteren, seifenähnlichen Stoffe verderben Vögeln nämlich den Appetit an Samen und Blättern.

Das Rezept stammt aus den Anden, der Heimat von Quinoa. Die Inkas nannten die Pflanze »Mutter des Getreides« und schätzten sie so hoch wie ihr Grundnahrungsmittel Kartoffel. Nach der spanischen Eroberung wurde der Anbau von Quinoa verboten, weil die Spanier glaubten, das Korn sei verantwortlich für Mut, Stärke und Unbeugsamkeit der Inkas. Deshalb ersetzten sie es durch europäisches Getreide – mit fatalen Folgen für die Bevölkerung. Denn die Obergrenze für den Getreideanbau liegt bei 3.500 Meter, während Quinoa noch in 4.300 Meter Höhe gedeiht. Allerdings versuchten die Spanier auch, die Wunderpflanze in der Heimat anzusiedeln. Doch in Europa – so der Inkafürst *Garcilaso de la Vega* – seien die Samen »tot angekommen«.

Superfood Quinoa

Sie kommen damit auch ohne tierische Lebensmittel auf Ihr Eiweiß-Soll: Sowohl die Welternährungs-Organisation *FAO* als auch die Welt-Gesundheits-Organisation *WHO* stellen Quinoa in der biologischen Wertigkeit auf dieselbe Stufe wie Milchpulver; immerhin enthält es 44 Prozent lebenswichtige Aminosäuren und liefert mehr Protein als Getreide, weil der eiweißreiche Keimling etwa 60 Prozent eines Quinoa-Korns einnimmt.

Für uns Menschen zählen Saponine zu den wichtigen Bioaktiv-Stoffen; sie wirken cholesterinsenkend und halten damit die Blutgefäße intakt, reinigen die Lunge und lösen den Schleim bei Katarrh.

Die kleinen Körnchen liefern auch erstaunliche Mengen an Mineralstoffen: 100 Gramm gekochtes Quinoa deckt unseren Tagesbedarf an Kupfer, mehr als 70 Prozent des täglichen Solls an Magnesium und etwa 40 Prozent der empfohlenen Tagesration an Eisen. Außerdem versorgt es uns mit relativ viel Kalium, Phosphor und Zink.

GUTES FETT

Nicht in die Vollen greifen, sondern die lebenswichtige Funktion von Fett als Grundnährstoff erkennen – das ist unser Prinzip beim Superfood.

FETT BRAUCHEN WIR TÄGLICH

Lassen Sie sich durch die ständigen Warnungen vor fettreichen Lebensmitteln nicht verwirren: Fett ist kein Schadstoff, den es zu meiden gilt, sondern ganz einfach lebensnotwendig. Denn unser Stoffwechsel funktioniert nur mit Fett. Genau wie mit Proteinen baut der Körper auch mit Fettbestandteilen neue Zellen auf. Die wesentlichen Bestandteile von Fett sind Fettsäuren; sie erfüllen in unserem Organismus unterschiedliche Funktionen: Manche sorgen mit Hilfe bestimmter Vitamine für Wachstum oder für die Stabilität der Knochen, andere brauchen wir für die Bildung von Hormonen und zur Regulierung des Blutstroms. Fettsäuren transportieren die fettlöslichen Vitamine A und E, die ihrerseits unsere Organe intakt halten und das Immunsystem stärken.

Ob ein Fett vorwiegend aus gesättigten, ungesättigten oder mittelkettigen Fettsäuren besteht, spielt für unsere Ernährung eine große Rolle: Einige mehrfach ungesättigte Fettsäuren sind essenziell, das heißt, wir müssen sie regelmäßig essen, weil unser Körper sie braucht, aber nicht selbst bilden kann. Zu diesen wichtigsten Fetten gehören zum Beispiel Sonnenblumenöl oder Rapsöl oder Maiskeimöl. Erkennen können Sie solche Öle leicht: Sie bleiben nämlich auch im Kühlschrank flüssig.

Olivenöl

Die höchsten Qualitätsstufen von Olivenöl werden aus dem Fruchtfleisch gepresst, geringere Qualität gewinnt man aus den Kernen von Oliven. Das hellgrüne bis goldgelbe, ungefiltert auch leicht trübe Öl gehört zu den traditionsreichsten und – wie man durch umfassende Studien weiß – zu den gesündesten Ölsorten. Es besteht sowohl aus mehrfach ungesättigten als auch einfach ungesättigten Fettsäuren, darunter Ölsäure, die für gesunde Blutgefäße, ein starkes Herz und einen ausgewogenen Cholesterinspiegel sorgt. Charakteristische Aromastoffe in Olivenöl wirken gegen Entzündungen und senken das Risiko für Thrombose. Olivenöl bietet vermutlich sogar Schutz vor Brustkrebs und Tumoren im Darmbereich. Sicher ist inzwischen, dass es freie Radikale fangen kann und so die körpereigene Abwehr stabilisiert. Öl mit vielen einfach ungesättigten Fettsäuren erkennen Sie daran, dass es bei Zimmertemperatur flüssig, im Kühlschrank jedoch fest ist.

Kokosöl

Kokosöl ist ein sogenanntes MTC-Fett mit hohem Anteil an mittelkettigen Fettsäuren. Es liefert etwas weniger Energie als andere Fette und wird rasch verwertet (→ Seite 175), denn der Organismus kann es gleich zur Energiegewinnung und Wärmebildung nutzen – genau wie Proteine und Kohlenhydrate. Kokosöl gilt als besonders gut verträglich und ist vielleicht am Fatburning beteiligt. So wertvoll ist allerdings nur natives Kokosöl, nicht das billige Plattenfett, das man zum Frittieren nimmt. Natives Kokosöl ist cremig und weiß, wird bei warmen Raumtemperaturen flüssig und bleibt im Kühlschrank fest.

Fisch und Pflanzenöl

Fette mit einfach ungesättigten Fettsäuren wie Butter oder Schmalz sind für unsere Ernährung nicht notwendig, aber auch nicht schädlich, wenn man wenig davon isst.

Beide Lebensmittel enthalten Omega-3-Fettsäuren, mehrfach ungesättigte Fettsäuren, die man in den letzten Jahren eingehend untersucht hat. Omega-3-Fettsäuren können Herz- und Kreislaufkrankheiten, Bluthochdruck und Diabetes mellitus verhüten, beugen Herzinfarkt, Schlaganfall und Krebs vor und greifen positiv in den Fettstoffwechsel ein. Sie drosseln die Produktion von Entzündungsmolekülen, die für Migräne und Rheuma verantwortlich sind und die Entstehung von Krebs begünstigen. Als Cholesterinsenker reduzieren sie »böses« LDL-Cholesterin und erhöhen »gutes« HDL-Cholesterin. Bleibt nur die Frage: Wie bekommen wir diese Super-Fette auf den Teller? Ganz einfach: Indem Sie Leinsamen übers Müsli streuen und im Brot verbacken (→ Seite 142), den Salat mit Walnussöl mischen, Gemüse mit Rapsöl dünsten und Kräuterquark wie unsere Großmutter mit Leinöl anreichern. Und indem Sie immer wieder fettreichen Fisch wie Lachs und Makrele essen (Rezepte → Seiten 167 und 170).

Auch Vollkornbrot, Reis, Kartoffeln oder Flocken fürs Müsli enthalten Fett.

Doch die Mengen sind so gering, dass Sie nach der Verdauung nichts übrig behalten, was Ihre schlanke Linie gefährden könnte.

Fett essen wir gern

Leider, mag so mancher von Ihnen seufzen und an saftige Croissants und dicke Pfannkuchen denken. Unsere Vorliebe für Fettes liegt aber nicht in erster Linie an der Üppigkeit, sondern am Geschmack. Denn Fett ist Aromaträger in jedem Essen, egal ob süß oder herzhaft. Sobald wir uns das bewusst machen, können wir es wie ein Gewürz verwenden – in kleinen Mengen, in verschiedenen Geschmacksrichtungen und auch in bester Qualität. Natives Olivenöl schmeckt anders als gute Butter vom Bio-Hof, Walnussöl ist besonders nussig, Rapsöl dagegen ziemlich neutral. Kokosöl passt gut zu Süßem, weil es an den bekannten Schokoriegel mit Kokosfüllung erinnert, während Kürbiskernöl eher winterliche Suppen, Saucen und Salate würzt.

Unser tägliches Fett

Mit Fast Food, Kantinenessen und ein paar Snacks gegen den schnellen Hunger kommen wir mühelos auf 100 Gramm Fett pro Tag. Nach Expertenmeinung ist das zu viel: Frauen brauchen maximal 60 Gramm, Männer 80 Gramm. Wer abnehmen will, darf sogar nur 30 Gramm Fett täglich essen. Bedenken Sie aber, dass es nicht allein um die Butter geht, die Sie aufs Brot streichen. Gefährlicher, weil gut verborgen, ist das Fett in Knabberzeug und Pommes, Saucen und Dressings, belegten Brötchen, Bratwürsten und Burgern, Müsliriegeln und Süßigkeiten.

Low-Fat-Kochen

Mit den richtigen Geräten und Töpfen kommen Sie beim Dünsten und Grillen mit Minimengen an Fett aus, beim Braten und Schmoren ist das Kochgeschirr entscheidend: Sie brauchen Pfanne und Bräter mit Antihaftbeschichtung. Darin reicht für alle Gerichte nur ein Tropfen Öl. Grundsätzlich gilt: Gemüse und Kartoffeln, Fleisch, Fisch und Geflügel müssen Sie vor dem Braten mit Küchenpapier trockentupfen. Dann bildet sich rasch eine Kruste, und die Produkte werden knusprig, aber nicht fettig.

Das Kochgeschirr erhitzen Sie zunächst ohne Fett. Es ist heiß genug, wenn ein paar Spritzer Wasser darin zischend verdampfen. Nun Öl oder Pflanzenfett zum Braten zugeben und heiß werden lassen. Öl bildet dabei kleine Wellen, festes Fett winzige Bläschen. Die vorbe-

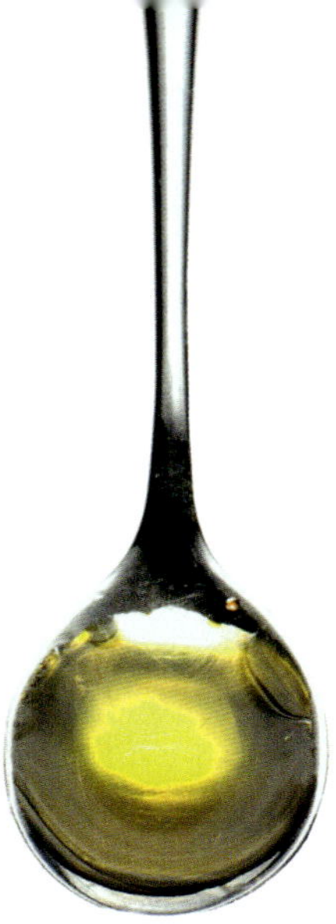

Ein Schuss mehr oder weniger Öl aus der Flasche spielt für den Fettgehalt eine große Rolle. Nehmen Sie zum Dosieren deshalb immer Löffel: Ein Esslöffel fasst 10 Gramm, ein Teelöffel 5 Gramm.

reiteten Lebensmittel ins Fett legen. Auch dabei muss es leise zischen, dann stimmt die Hitze. Und nun schalten Sie beim Elektroherd die Temperatur gleich zurück: Bratkartoffeln und Eierkuchen, Nudeln und Reis aus Wok oder Pfanne gelingen bei mittlerer bis schwacher Hitze am besten. Fleisch und Geflügel brät man nach dem Wenden bei mittlerer Hitze fertig, Fisch bei schwacher, und auch Eier vertragen von Beginn an nur schwache Hitze. Beim Gasherd lässt sich die Hitze sehr gut regulieren, denn sobald Sie die Flamme kleiner schalten, verringert sich auch die Temperatur.

Besonders fettarm ist Dünsten, weil dabei nur Flüssigkeit ausreicht. Erst beim Abschmecken kommen dann ein Löffelchen Butter oder Öl, ein Schuss Sahne oder ein Klecks Schmant dazu. Außerdem schont Dünsten weitgehend Vitamine und Mineralstoffe, vor allem, wenn Sie Gemüse ohne zusätzliche Flüssigkeit im eigenen Saft garen.

Fett sparen beim Grillen

Beim Grillen bleiben Aroma und Nährstoffe ohne viel Fett erhalten. Allerdings braucht man entsprechende Geräte: Außer der üblichen Grillvorrichtung in Backofen oder Mikrowellengerät, gibt es auch noch separate Miniöfen und diverse Tischgrills. Auch zum Grillen müssen Sie die Lebensmittel gut trockentupfen und in Scheiben oder kleine Stücke schneiden. Fisch, Gemüse und Kartoffeln pinseln Sie mit etwas Öl ein, sonst werden sie zu trocken. Bei Fleisch und Geflügel mit seinem natürlichen Fettgehalt ist zusätzliches Öl nicht nötig. Den Grill gut vorheizen, und die Lebensmittel wie beim Braten auf der Unterseite so lange garen, bis sie eine Kruste haben und sich leicht vom Grillrost ablösen lassen.

ERBSENSUPPE MIT CROÛTONS

ZUTATEN FÜR 4 PORTIONEN

- 1 Zwiebel
- 500 g frische, enthülste Erbsen
- 2 Scheiben Weißbrot
- 3 EL natives Kokosöl
- 1 gestrichener EL Mehl
- 1 l Gemüsebrühe
- 3 EL ungesüßte Kokoscreme
- Salz nach Belieben
- Frisch gemahlener Pfeffer
- Geriebene Muskatnuss

1 Die Zwiebel schälen und fein zerkleinern, die Erbsen waschen und abtropfen lassen. Das Weißbrot für die Croûtons würfeln und auf einem Teller beiseite stellen.

2 In einem Topf 1 EL Kokosöl erhitzen und die Zwiebel darin glasig braten. Die Erbsen zugeben, mit dem Mehl bestreuen und alles kurz anbraten. Nun die Brühe zugießen, aufkochen und die Erbsen in etwa 10 Minuten sehr weich kochen.

3 Inzwischen das restliche Kokosöl in einer Pfanne erhitzen und die Weißbrotwürfel darin knusprig braten, dabei immer wieder wenden.

4 Die Suppe mit dem Stabmixer pürieren und dabei die Kokoscreme zugeben. Die Suppe mit Salz, Pfeffer und Muskat abschmecken und mit den Croûtons anrichten.

SALSA VERDE

ZUTATEN FÜR 4 PORTIONEN

- 3 Bund glatte Petersilie
- 4 eingelegte Sardellenfilets
- 1 Knoblauchzehe
- 2 EL Kapern
- 50 g eingelegtes Essiggemüse (Glas)
- 1 mittelgroße grüne Chilischote
- 125 ml Olivenöl
- 1 TL Senf
- Salz nach Belieben

1 Die Petersilie waschen und wie Salat trockenschleudern. Dann nur die harten Stielenden entfernen. Die Sardellenfilets kalt abspülen und trockentupfen. Den Knoblauch schälen, die Kapern und das Essiggemüse abtropfen lassen. Alle diese Zutaten in einer Schüssel mit dem Stabmixer fein pürieren.

2 Die Chilischote von den Trennwänden und Kernen befreien, kalt abspülen, ganz fein zerkleinern und unter das Püree mischen.

3 Das Öl langsam zum Püree geben und mit den Quirlen des Handrührers zu einer dicken Sauce aufschlagen. Den Senf untermischen, die Sauce mit Salz abschmecken und bis zum Servieren etwa 1 Stunde kühl stellen.

GEMÜSESALAT MIT BROT UND FETA

ZUTATEN FÜR 4 PORTIONEN

Etwa 300 g Fladenbrot

8 EL Olivenöl

1 mittelgroße rote Zwiebel

2 Minigurken oder 1 kleine Salatgurke

2 große Fleischtomaten

Je 1 rote und grüne Paprikaschote

1 TL getrockneter Oregano

Saft von ½ Zitrone

Salz nach Belieben

Frisch gemahlener schwarzer Pfeffer

10 schwarze Oliven

200 g Fetakäse

1 Handvoll Basilikumblättchen

1 Das Brot in grobe Stücke zupfen und in eine ofenfeste Form geben. Dann mit 3 EL Öl beträufeln, in den vorgeheizten Backofen schieben und bei 200 °C in etwa 10 Minuten knusprig rösten.

2 Inzwischen für den Salat die Zwiebel schälen und in feine Ringe schneiden, die Gurken waschen oder schälen und in Scheiben schneiden, die Tomaten waschen und achteln. Die Paprikaschoten waschen, halbieren, putzen und in feine Streifen schneiden. Alle Salatzutaten in einer Schüssel mit dem restlichen Öl, dem Oregano und dem Zitronensaft vermischen, mit Salz und grobem Pfeffer würzen.

3 Das geröstete Brot in tiefen Tellern verteilen und den Salat auf dem Brot anrichten. Die Oliven und den gewürfelten Schafskäse darauflegen, das Basilikum waschen, trockentupfen, grob zerkleinern und den Salat damit bestreuen.

SIMPEL, ABER SUPER

Der Salat enthält alles, was Sie für eine gesunde Hauptmahlzeit brauchen: Gemüse und Kräuter, Kohlenhydrate und gutes Olivenöl, dessen Ölsäure als bester Schutz vor Herzerkrankung gilt. Der Fetakäse liefert Ihnen Calcium für Knochen und Zähne und leicht verdauliches Eiweiß mit der Aminosäure Cystein, die den Glutathion-Spiegel im Gewebe erhöht: Dieser Eiweißbaustein gehört zu den wichtigsten Helfern unseres Immunsystems gegen krebserregende Stoffe. Reichlich Zitronensaft im Salat lockt Ihre Verdauungsenzyme und füllt Ihre Eisenspeicher: Vitamin C im Saft sorgt nämlich dafür, dass wir Eisen aus pflanzlichen Lebensmitteln gut verwerten können. Deshalb leiden Vegetarier auch gewöhnlich nicht an Eisenmangel, wie verschiedene Studien gezeigt haben.

FISCH AUF PAPRIKA-CHILI-PÜREE

ZUTATEN FÜR 4 PORTIONEN

400 g Fischfilet (Forelle, Pangasius oder Lachs)

2 EL Zitronensaft

Salz nach Belieben

Frisch gemahlener Pfeffer

3 EL Olivenöl

Etwa 500 g Tomaten-Paprika-Püree (→ Seite 36)

2 EL Kapern

Einige Thymian- oder Basilikumblättchen zum Bestreuen

1 Die Fischfilets mit Zitronensaft, Salz und Pfeffer würzen. Das Öl in einer großen Pfanne erhitzen und die Fischfilets darin bei mittlerer Hitze pro Seite etwa 3 Minuten braten.

2 Während der Fisch brät, das Tomaten-Paprika-Püree in einem Topf erhitzen, mit den Kapern mischen und auf Portionstellern verteilen. Die Fischfilets darauf anrichten, mit den Kräuterblättchen bestreuen und sofort servieren.

TIPP

Fisch ist so gesund, dass wir darauf nicht ganz verzichten sollten, obwohl er ein rares Lebensmittel geworden ist. Wie wir achtsam damit umgehen, lesen Sie auf Seite 14: Greenpeace hat eine Liste der Fischarten erstellt, die man in Maßen noch essen kann.

LACHS AUS DEM OFEN

ZUTATEN FÜR 4 PORTIONEN

- 2 Lachsfilets (je etwa 150 g)
- Saft 1 kleinen Zitrone
- Salz nach Belieben
- Frisch gemahlener Pfeffer
- 2 EL Olivenöl

1 Die Lachsfilets kalt abspülen, trockentupfen und nebeneinander auf eine ofenfeste Platte legen. Nun mit dem Zitronensaft beträufeln, mit Salz und Pfeffer würzen und mit dem Olivenöl bestreichen.

2 Die Platte in den vorgeheizten Backofen schieben und die Lachsfilets bei 180 °C 10 bis 12 Minuten garen. Mit Kartoffeln und Gemüse servieren.

SCHNELLES SUPERFOOD

Lachs zählt zu den fetten Fischen und enthält deshalb besonders viele lebenswichtige Omega-3-Fettsäuren, die wir regelmäßig brauchen, Details dazu auf Seite 159. Noch würziger schmeckt der Fisch, wenn Sie die Filets auf Rosmarinblättchen garen.

AVOCADOCREME

ZUTATEN FÜR 4 PORTIONEN

1 EL frische Korianderblättchen

1 Bund Schnittlauch

2 Limetten

4 reife Avocados

1 EL Olivenöl

Salz nach Belieben

Etwa ¼ TL Chiliflocken

1 Den Koriander waschen, trockentupfen und mit einem scharfen Messer fein schneiden. Den Schnittlauch waschen, trockentupfen und in feine Röllchen schneiden.

2 Die Limetten auspressen, Avocados quer halbieren, die Kerne herauslösen, das Fruchtfleisch mit einem Esslöffel aus den Schalen holen und in einer Schüssel mit dem Limettensaft zerdrücken.

3 Das Avocadomus mit dem Koriander, dem Schnittlauch und dem Öl mischen, mit Salz und mit Chiliflocken ganz nach Wunsch entweder scharf oder mild abschmecken.

TIPP

Koriander können Sie in Blumentöpfen oder im Balkonkasten ziehen: Einen sonnigen Platz wählen, die Samen in gute Anzuchterde streuen und festklopfen, nachts und an kühlen Tagen mit einem großen Glas abdecken, bis die Pflänzchen etwa fünf Zentimeter hoch und reif zum Ernten sind.

SUPERFOOD AVOCADO

Vegetarier und vor allem Veganer sollten regelmäßig Avocados essen, denn die Früchte enthalten so viel Eiweiß wie kein anderes Gemüse oder Obst und werden im Fettgehalt nur von Oliven übertroffen. Und weil das Avocadofett zum großen Teil aus Ölsäure besteht, ist es auch für alle Menschen sehr gesund, die nicht fleischlos leben: Ölsäure senkt den Cholesterinspiegel und schützt die Arterien. Deshalb empfehlen amerikanische Ernährungsmediziner bei Cholesterinproblemen pro Tag eine halbe Avocado – ohne Salz, nur mit Zitronensaft gewürzt.

MAKRELEN MIT WACHOLDER

ZUTATEN FÜR 4 PORTIONEN

- 4 küchenfertige, frische Makrelen (je etwa 200 g)
- Salz nach Belieben
- Frisch gemahlener weißer Pfeffer
- 2 EL körniger Senf
- ½ Bio-Zitrone
- 1 kleine Zwiebel
- 4 Wacholderbeeren
- 4 Handvoll Kräuter (zum Beispiel Petersilie, Thymian, Minze, Estragon und Rosmarin)

1 Die Fische innen und außen unter fließendem kaltem Wasser abspülen, mit Küchenpapier trockentupfen und mit Salz und Pfeffer würzen. Dann innen mit dem Senf bestreichen.

2 Die Zitrone heiß abwaschen, trockenreiben und in Scheiben schneiden, die Zwiebel abziehen und klein würfeln, die Wacholderbeeren mit dem Messerrücken zerdrücken. Die Kräuter waschen, trockentupfen und mit den Stielen fein zerkleinern.

3 Alle Zutaten in die Makrelen füllen. Die Fische einzeln in je einen Bogen Backpapier verpacken, auf den kalten Backofenrost legen und in den vorgeheizten Backofen schieben. Bei 200 °C etwa 20 Minuten backen. Mit Kartoffelsalat und Gurkensalat – eventuell gemischt – servieren.

MAGISCHER WACHOLDER

Wacholderzweige sollen jedes Übel abwehren, mit bösen Geistern auch böse Gedanken vertreiben und einen Schutzschild über Seele, Geist und Körper breiten – sogar während der Pestepidemien hat man die Häuser mit Wacholder ausgeräuchert. Selbstverständlich rankt sich um den wunderbaren Busch viel Aberglauben: Er soll Diebe entlarven, Schlangen vertreiben und Hühneraugen zum Schwinden bringen. Beim *Küchenzauber* nimmt man Wacholder zum Kochen, Schmoren und Backen. Zerdrückte Beeren schmecken besonders intensiv, ganze, getrocknete Beeren würzen milder. Sie passen zu jedem Wintergemüse, zu kräftigem Braten und Marinaden. Zerdrückte Beeren geben Zwetschgenkonfitüre, Quitten- und Apfelgelee ein köstliches Aroma. Die Heilwirkung von Wacholder beruht auf Bitterstoffen, Gerbstoffen und ätherischem Öl. Die Beeren fördern die Durchblutung, regen die Verdauung an, helfen bei Blähungen und spülen die Harnwege. Doch Vorsicht: Während der Schwangerschaft und bei Nierenleiden darf man keinen Wacholder essen. Und bevor Sie Wacholdertee trinken oder Wacholderöl anwenden, müssen Sie Ihren Arzt fragen, denn zu viel davon kann die Nieren schädigen.

NUSS-NUDELN MIT GRÜNEM

ZUTATEN FÜR 4 PORTIONEN

- 200 g frisches grünes Gemüse wie Spinat, Grünkohl oder Brennnesseln
- 400 g frische Walnüsse (→ Tipp)
- 50 g Pecorino
- 1 kleine Zwiebel
- 2 Knoblauchzehen
- 2 EL Olivenöl
- 300 g Penne oder andere kurze Nudeln
- 2–3 EL Sahne
- 1–2 TL Zitronensaft
- Salz nach Belieben
- Pfeffer aus der Mühle

1 Das Gemüse verlesen und in einer Schüssel mit kaltem Wasser gründlich waschen. Auf ein Sieb abgießen und abtropfen lassen, dann mit einem Messer oder der Küchenschere grob zerkleinern.

2 Die Nüsse knacken, die Kerne herauslösen und von den Häutchen befreien. Die Nusskerne auf einem Arbeitsbrett mit dem Wiegemesser nicht zu fein hacken. Den Pecorino reiben, die Zwiebel und den Knoblauch abziehen und fein zerkleinern.

3 Das Öl in einem weiten Topf erhitzen und die Zwiebel und den Knoblauch darin glasig braten. Das zerkleinerte Gemüse und die Nüsse zugeben und unter ständigem Rühren etwa 5 Minuten schmoren. Zugedeckt bei schwacher Hitze ziehen lassen.

4 Jetzt die Nudeln in reichlich Salzwasser bissfest kochen und währenddessen 1 Schöpfkelle Nudelwasser zur heißen Gemüsemischung im Topf gießen. Den Käse und die Sahne hinzufügen und unterrühren. Das Gemüse mit Zitronensaft, wenig Salz und einer kräftigen Prise Pfeffer abschmecken.

5 Die Nudeln auf ein Sieb abgießen, kurz abtropfen lassen und zur Gemüsemischung in den Topf geben. Alles miteinander verrühren, dann auf vorgewärmten Tellern verteilen und möglichst heiß servieren.

TIPP

Für dieses Essen brauchen Sie unbedingt frisch geerntete Walnüsse mit feuchten Kernen, deren Häutchen man noch abziehen kann.

SUPER-SQUASH MIT KOKOS

ZUTATEN FÜR 4 PORTIONEN

- 2 junge Squash-Kürbisse (je etwa 400 g)
- 2 mittelgroße Äpfel
- 1 Bio-Orange
- 2 Zweige Thymian
- 1 EL natives Kokosöl
- ½ TL Chiliflocken
- 100 g Kokoswasser
- 2 EL Kokosmehl
- Salz nach Belieben

1 Die Squash-Kürbisse waschen, jeweils einen Deckel abschneiden, das weiche Innere mit den Kernen und das feste Fruchtfleisch mit einem Teelöffel oder einem spitzen Messer herausholen und in kleine Stücke schneiden.

2 Die Äpfel waschen, vierteln, vom Kerngehäuse befreien und klein würfeln. Die Orange heiß abwaschen, trockenreiben, etwa 1 EL Schale dünn abreiben und die Orange dann auspressen. Den Thymian waschen, trockentupfen und fein zerkleinern.

3 Das Öl in einer Pfanne erhitzen, in der die Kürbisse nebeneinander Platz haben. Kürbisfleischwürfel, Äpfel, Thymian, Orangenschale und Chili ins heiße Öl geben und bei mittlerer Hitze etwa 5 Minuten anbraten.

4 Die Mischung in eine Schüssel geben, mit Orangensaft, Kokoscreme und Kokosmehl verrühren, mit Salz würzen und in die Kürbisse füllen. Die Kürbisse in die Pfanne setzen und zugedeckt bei mittlerer Hitze in etwa 15 Minuten weich schmoren. Mit Reis oder Reiscrackern als Beilage serviert, ist es ein veganes Gericht.

WAS IST EIN SQUASH?

Squash ist ein Kürbis, der wie ein Ufo aussieht. Deshalb wurden die gelben, weißen, gestreiften oder gefleckten Portionskürbisse bei uns lange Zeit auch nur als Herbstdekoration angeboten. Junger Squash hat eine weiche Schale wie Zucchini und wird auch so zubereitet. Ausgereift ist Squash hartschalig wie Hokkaido, Muskat oder Butternut. Kürbisse gehörten für die Indianer zu den ältesten Kultur- und Heilpflanzen: Gelbe Kürbisse enthalten reichlich Carotinoide (→ Seite 22), Kürbiskerne waren Aphrodisiakum und sind noch heute Stärkungsmittel für die Blase (→ Seite 134).

Superfood Kokos

Unser Organismus kann MTC-Fette rasch nutzen: Aufgrund des geringeren Molekulargewichtes sind sie buchstäblich leichter und schlüpfen besser durch die Zellwände.

Frisches Kokosfleisch ist reich an Selen und Magnesium. Selen ist für das Immunsystem wichtig, Magnesium für gute Nerven. Kokoswasser, die klare Flüssigkeit im Innern der frischen Nuss, reguliert den Säure-Basen-Haushalt und ist wegen seines hohen Kaliumgehaltes ein idealer Durstlöscher. Kokosmehl schätzen alle Menschen, die vegan essen, weil es etwa 20 Prozent Protein und dazu noch bis zu 40 Prozent Ballaststoffe für eine gesunde Darmflora enthält. Kokosöl besteht zu etwa 50 Prozent aus Laurinsäure, einer Fettsäure, die Viren abtötet, indem sie deren Schutzhülle zerstört. Als mittelkettige Fettsäure (MTC) steigert Laurin den Energieumsatz, das heißt, es liefert nur 8,3 Kalorien statt 9,2 Kalorien wie andere Fette. Denn MTC-Fette gelangen gleich in die Leber; sie werden nicht wie langkettige Fettsäuren erst mit Hilfe von Enzymen aufgeschlossen und über den Darm in den Blutstrom geschleust.

NATÜRLICH SÜSSEN

Süßes ist super – für den Genuss selbstverständlich, aber auch für die gesunde Ernährung. Es kommt nur darauf an, richtig zu wählen.

OBST ESSEN!

Viele Lebensmittel stellen uns vor eine höchst unangenehme Wahl – entweder sie sind gut für unsere Gesundheit oder sie verführen uns zum Genießen. Experten warnen seit Jahren eindringlich vor zu viel Zucker, Sahne und Butter, sodass wir uns schon an den albernen Begriff der »süßen Sünde« gewöhnt haben und die Finger von Desserts lassen. Nur beim Obst essen kann uns niemand schelten, denn es ist süß und gesund zugleich. Und zwar deshalb, weil es außer den Zuckerarten Fruktose, Saccharose und Glukose auch komplexe Kohlenhydrate und wertvolle Ballaststoffe fürs ausgewogene Essen und Trinken – denken Sie an Smoothies! – liefert.

Früchte sind genau wie Kräuter und Gemüse aufgrund ihrer vielen Inhaltsstoffe seit Jahrtausenden ein wesentlicher Bestandteil gesunder Ernährung, der medizinischen Prävention und Therapie. Ob *Traditionelle Chinesische Medizin* (TCM) oder Ayurveda, ob Diätetik der Renaissance oder moderne westliche Naturheilkunde: ohne Pflanzen ging es nicht – früher, weil Alternativen zu ihren Wirkstoffen fehlten, heute, weil wir im Sinne ganzheitlichen Lebens mehr aufs *Natürliche* setzen. Dabei geht es nicht mehr um Vitamine und Mineralstoffe allein. Moderne Phytotherapie und die ausgedehnten Forschungen zu Bioaktivstoffen haben gezeigt, wie wichtig der tägliche Apfel ist, wie gelbe und rote Früchte unser Immunsystem stärken und wie Beeren heilen können (→ Seiten 22 und 25).

Selbstverständlich liefert auch frisches Obst nicht alle Vitamine für den täglichen Bedarf. Deshalb müssen wir für einen abwechslungsreichen Speisezettel sorgen, auf dem es eine wesentliche Rolle spielen sollte. Es sind die vielen Substanzen, denen man erst heute Beachtung schenkt, weil unsere Analysemethoden so ausgefeilt geworden sind. Was früher als überliefertes Wissen geschätzt, dann als Volksheilkunde belächelt und sogar mit Aberglauben gleichgesetzt wurde, ist nun wissenschaftlich weitgehend abgesichert. Die *Deutsche Gesellschaft für Ernährung* empfiehlt mindestens 200 Gramm frische Früchte pro Tag – Fruchtsäfte gar nicht mitgerechnet. Wie einfach das ist, zeigen meine Smoothie-Bücher (→ Seite 223).

Im folgenden Kapitel enthalten alle Desserts und süßen Hauptgerichte, Kuchen und Teilchen Obst.

Süss und super

Heutzutage ist es ganz leicht, weißen Zucker zu meiden. In Naturkost- und Dritte-Welt-Läden, Reformhäusern und den Bio-Abteilungen der Supermärkte bekommen Sie außer Honig noch mehr alternative Süßungsmittel. Nicht alle sind heimisch, doch ökologisch durchaus sinnvoll: Die Rohstoffe stammen vorwiegend aus kontrolliertem Anbau, werden von kleinen und mittleren Betrieben in Entwicklungsländern produziert, die vom Handel mit dem Westen profitieren.

Fruktose – Fruchtzucker – ist nicht gesünder als weißer Zucker, auch nicht für Diabetiker. Er lässt den Blutzuckerspiegel zwar langsamer ansteigen als normaler Haushaltzucker (Saccharose), doch größere Mengen erhöhen die Blutfettwerte genauso wie andere Süßigkeiten.

Obstkraut …

… heißt auch Obstdicksaft und wird fast nur aus Äpfeln oder Birnen hergestellt, und zwar meist aus regionalem Anbau und von Streuobstwiesen. Die Früchte werden zerkleinert, gekocht und zu zähflüssigem Sirup eingedickt. Dieser enthält reichlich Fruchtzucker sowie Bioaktiv-Stoffe, die auch im Obst enthalten sind: Pektine für die Verdauung, Eisen für die Blutbildung und Calcium für gesunde Knochen.

Honig …

… ist vermutlich das älteste Süßmittel der Menschheit. Als reines Naturprodukt enthält Qualitätshonig noch Enzyme, Vitamine und Mineralstoffe. Cremiger Honig enthält vorwiegend Traubenzucker, der die Kristallisation der Zuckermoleküle fördert, während bei flüssigem Honig der Fruchtzuckeranteil höher ist. Experten raten übrigens, Kindern bis zum ersten Lebensjahr keinen Honig zu geben. Denn die Darmflora der Säuglinge ist noch nicht so stabil, dass sie eine Barriere gegen Bakterien bietet, die in unerhitztem Honig vorkommen können, für Erwachsene jedoch vollkommen unschädlich sind.

Öko-Tipp

Vielleicht gehört Honig auch bald wieder zu unseren wertvollsten Süßmitteln, denn Bienen sind bedroht von Monokulturen und Schadstoffzunahme, verursacht durch die Agrarindustrie. Deshalb ist es sehr wichtig, dass Gartenbesitzer mit zum Erhalt der Bienenvölker beitragen, zum Beispiel indem man Blumenwiesen statt grünen Rasen anlegt, Obstbäume statt Ziersträucher pflanzt, Bienenfavoriten wie Borretsch, Dost und Klee aussät, Löwenzahn und sogar Zwiebeln und Schnittlauch blühen lässt.

Brauner Zucker …

… besteht aus tropischem Zuckerrohr oder heimischen Zuckerrüben. Die Bezeichnungen sind nicht einheitlich: Woraus *Vollzucker, Vollrohrzucker* oder *Ursüße* besteht, finden Sie auf der Zutatenliste. Für die Herstellung werden Zuckerrohr oder Zuckerrüben zerkleinert und ausgepresst, der gefilterte Saft wird dann eingedickt, getrocknet und vermahlen. Rohr- oder Rübenzucker enthält mehr Inhaltsstoffe und etwas weniger Zuckermoleküle als weißer, raffinierter Zucker. Dennoch spielt der Gehalt an Mineralstoffen keine große Rolle, und auch dieser »natürliche« Zucker kann Übergewicht und Karies verursachen, wenn man zu viel davon isst.

Agavendicksaft …

… ist frei von Zusätzen wie zum Beispiel Konservierungsstoffen oder Geschmacksverstärkern. Der Saft wird gewonnen, indem man die Knospe der Pflanze anritzt, die in der Blattrosette ruht. Dabei fließt der süße, dickflüssige, goldgelbe Saft aus. Agavensaft enthält Saponine, die den Cholesterinspiegel senken, und Papain, ein Enzym, das uns bei der Verdauung von Eiweiß hilft. Deshalb passt Agavendicksaft gut zu proteinreichen Desserts wie *Aprikosencreme* (→ Seite 186) oder *Amaranthauflauf mit Pfirsichen* (→ Seite 204).

Rübenkraut, der dicke Sirup aus Zuckerrüben, ist reich an Mineralstoffen: Das Eisen darin kann der Körper am besten mit Orangen- oder Zitronensaft verwerten.

Die Pflanze der Göttin

Für die Azteken war die Agavenpflanze Wohnsitz der Göttin *Mayahuel:* Darstellungen zeigen sie nackt auf einer Schildkröte vor einer blühenden Agave. *Quetzalcoatl,* Schöpfergott des ersten Menschen und als *Gefiederte Schlange* aztekisches Himmelssymbol, hatte die junge Göttin geraubt und in die wilden Steppen des Nordens gebracht. Dort wurde sie von Dämonen getötet und zerstückelt. *Quetzalcoatl* nahm ihre Knochen und schuf daraus die Agavenpflanze. Bei religiösen Handlungen trank man den zu Wein vergorenen Saft der Agave – streng rationiert übrigens, denn Rausch war bei den Azteken verpönt. Der Agaven-Mythos erinnert an viele andere Mythen zu Nahrungspflanzen: Immer ist es eine geopferte Gottheit oder Halbgottheit, aus deren zerstückeltem Leib wächst, was die Menschen so notwendig brauchen. Und immer muss ein Teil dieses Nahrungsmittels wieder den Göttern als Opfer gespendet werden.

HEIDELBEERQUARK

Zutaten für 4 Portionen

- 50 g Vollkorn-Haferflocken
- 50 g brauner Zucker
- 1 EL Erdnussöl
- 500 g frische Heidelbeeren
- 100 g Sahne
- 1 EL Vanillezucker
- 500 g Magerquark
- 2 EL Mandelblättchen
- Brauner Zucker zum Bestreuen

1 Die Haferflocken mit 1 EL Zucker in heißem Öl unter ständigem Rühren leicht braun rösten. Aus der Pfanne in tiefe Portionsteller geben und abkühlen lassen.

2 Die Heidelbeeren in einer Schüssel mit kaltem Wasser waschen und auf ein Sieb zum Abtropfen geben.

3 Die Sahne mit dem Vanillezucker steif schlagen. Den restlichen Zucker, den Quark und etwa die Hälfte der Heidelbeeren hinzufügen und mit der Sahne glatt rühren. Den Heidelbeerquark über den Flocken in den Tellern verteilen und mit den Mandelblättchen, den restlichen Heidelbeeren und Zucker nach Geschmack bestreuen.

BEEREN-EISCREME

ZUTATEN FÜR 4 PORTIONEN

400 g Beeren (rote und schwarze Johannisbeeren, Erdbeeren oder Heidelbeeren oder alles gemischt)

3 EL Honig

200 g gekühlte Sahne

200 g gekühlter Joghurt (20 %)

Brauner Zucker oder Puderzucker zum Abschmecken

1 Die Beeren waschen, trockentupfen und in einem Gefrierbeutel etwa 3 Stunden in den Tiefkühlschrank legen, bis sie gefroren, aber noch nicht hart sind.

2 Die Beeren und den Honig in ein hohes Gefäß geben, dann die Sahne zugießen. Die Beeren nun mit dem Stabmixer pürieren und dabei nach und nach den Joghurt hinzufügen.

3 Die Eiscreme eventuell mit Zucker oder Puderzucker nachsüßen. Mit einem Esslöffel oder Eisportionierer in Schälchen geben und sofort servieren.

TIPP

Mit der Eiscreme können Sie auch ein Sorbet machen: Die Creme in hohe Gläser geben und mit Prosecco oder Orangensaft – oder beides gemischt – auffüllen.

Zum Treiben

Wenn Sie keine Hefe mögen, nehmen Sie Backferment aus dem Reformhaus oder Naturkostladen. Das Treibmittel besteht aus Honig, Erbsen, Weizen und Mais und eignet sich für jeden süßen und herzhaften Teig, den man gewöhnlich mit Hefe oder Backpulver zubereitet – ich verwende es zum Beispiel auch zum Brotbacken. In der Gebrauchsanleitung, die der Dose beiliegt, ist genau beschrieben, wie Sie den Grundansatz zubereiten. Es funktioniert nach demselben Prinzip wie Sauerteig. Doch das Anrühren und Gären dauert mir oft zu lange. Deshalb mische ich das trockene Granulat genau wie Trockenhefe mit den anderen Zutaten und lasse den Teig einfach über Nacht in einem warmen Zimmer ruhen.

Im Naturkosthandel gibt es auch ein phosphatfreies Backtriebmittel. Es besteht aus dem Treibmittel Natron, Maismehl und einer Traubenzuckerverbindung. Dieses sogenannte *Backhupf* macht die Frikadellen ebenfalls schön locker. Selbstverständlich können Sie auch Weinstein-Backpulver nehmen, das – anders als normales phosphalthaltiges Backpulver – in den Speisen nicht »vorschmeckt«.

HIRSEFRIKADELLEN

ZUTATEN FÜR 4 PORTIONEN

250 ml Milch

1 Prise Salz

75 g Hirse

½ Würfel frische Hefe oder 2 EL Backferment-Grundansatz (→ linke Seite)

2 zimmerwarme Eier

150 g Cottage Cheese

1 EL flüssiger Honig

1 EL Vanillezucker

Abgeriebene Schale einer ½ Bio-Orange

100 g Korinthen

Sonnenblumen- oder Kokosöl zum Backen

1 Die Milch mit Salz zum Kochen bringen. Die Hirse auf einem Sieb unter fließendem kaltem Wasser abspülen und abtropfen lassen. Dann in die Milch rühren, einmal aufkochen lassen und bei schwacher Hitze 20 Minuten garen, dabei immer wieder umrühren. Den Topf von der Kochstelle nehmen und die Hirse zugedeckt lauwarm abkühlen lassen.

2 Die Hefe zerbröckeln und auf die Hirse streuen. Nun die Eier, den Cottage Cheese, den Honig, den Vanillezucker und die Orangenschale dazugeben und alles mit den Knethaken des Handrührgerätes zu einem Teig vermischen. Die Korinthen mit einem Löffel untermischen und den Teig zugedeckt bei Zimmertemperatur etwa 1 Stunde ruhen lassen.

3 In einer beschichteten Pfanne Öl erhitzen. Pro Frikadelle etwa 2 EL Teig ins Öl geben, flach drücken und auf der Unterseite etwa 5 Minuten backen, dann wenden und auf der zweiten Seite weitere 3 bis 4 Minuten backen. Heiß mit Apfelmus oder beliebigem Kompott servieren.

DAS MINERALSTOFFPAKET

Fluor für Knochen und Zähne, Eisen fürs Blut, Magnesium für gute Nerven und Phosphor für Zellaufbau und Energieproduktion sind in Hirse reichlich enthalten. Die Getreideart aus den Urzeiten der Menschheit hat aber noch mehr zu bieten: Vitamin E als Krebsvorbeuger und Vitamine der B-Gruppe für einen funktionierenden Stoffwechsel. In der *Traditionellen Chinesischen Medizin* behandelt man mit Hirse Verdauungsschwäche, Brechreiz und Durchfall.

APRIKOSENCREME

ZUTATEN FÜR 4 PORTIONEN

3 reife Aprikosen

1/8 l Zitronensaft

2 EL Puderzucker

2 kleine Eier

1 EL Speisestärke

50 g weiche Joghurtbutter

1 TL abgeriebene Bio-Zitronenschale

2 EL Agavendicksaft

1 Die Aprikosen waschen, halbieren und entsteinen, dann in Stücke schneiden und mit dem Zitronensaft und dem Puderzucker in einem Kochtopf verrühren. Den Topf auf die Kochstelle setzen. Die Eier mit der Speisestärke verquirlen und zugeben. Die Butter zufügen und alles unter ständigem Rühren zum Kochen bringen, bis die Creme dick ist.

2 Nun von der Kochstelle nehmen und lauwarm abkühlen lassen. Dann mit dem Stabmixer pürieren, die Zitronenschale und den Agavendicksaft unterrühren und ganz abkühlen lassen.

TIPP

Die Creme schmeckt wie Konfitüre auf Brötchen, Croissants oder Toast. Sie hält sich in einem sauber ausgespülten Schraubglas verschlossen im Kühlschrank etwa 2 Tage frisch.

APRIKOSENTÖRTCHEN

Zutaten für 6 Stück

500 g Aprikosen
100 g Butter
60 g brauner Zucker
1 EL Vanillezucker
100 g Sahnequark
2 Eier
300 g Mehl
½ TL Weinstein-Backpulver
1 TL abgeriebene Bio-Zitronenschale
6 EL Zwetschgen-konfitüre

1 Die Aprikosen in einer Schüssel mit kochendem Wasser überbrühen und kurz ziehen lassen. Dann auf ein Sieb geben, kalt abschrecken, die Haut abziehen und die Früchte halbieren und entsteinen.

2 Die Butter mit dem Zucker und dem Vanillezucker cremig rühren. Zuerst den Quark, dann nacheinander die Eier und zuletzt Mehl mit Backpulver und Zitronenschale gemischt unterrühren.

3 Den Teig in den sehr gut gefetteten Mulden eines Minikuchen-blechs glatt streichen, mit den Aprikosen belegen und im vorgeheizten Backofen bei 200 °C etwa 35 Minuten backen. Anschließend herausnehmen, sofort mit der Konfitüre bestreichen und in den Mulden 10 Minuten ruhen lassen. Dann herauslösen und auf einem Kuchengitter lauwarm abkühlen lassen und ganz frisch servieren.

Himbeersaft, mit heißem Tee verdünnt, hilft bei fiebrigen Erkältungen und stillt den Durst.

Selbst gemacht: Himbeersaft und Limonade

An Sommertagen schmeckt Himbeerlimonade: Pro Portion je 1 EL Himbeersaft und Zitronensaft sowie 3 gewaschene Minzeblättchen in ein hohes Longdrinkglas geben. Mit eisgekühltem Mineralwasser oder Prosecco auffüllen und mit Minze garnieren.

Für 3 bis 4 Liter Saft brauchen Sie 3 Kilo verlesene Himbeeren, die Sie auch mit Johannisbeeren und/oder entsteinten Sauerkirschen mischen können. Die Früchte in eine Glas- oder Porzellanschüssel füllen und zerdrücken. 50 Gramm Weinstein oder Zitronensäure aus der Apotheke in 2 Liter kaltem Wasser auflösen und über die Früchte gießen. Etwa 12 Stunden zugedeckt stehen lassen, dabei ab und zu umrühren. Das Obst auf ein Safttuch geben, das Sie wie einst Oma zwischen den Beinen eines Stuhls ausgespannt haben. Den Saft nun in ein hohes Gefäß abtropfen lassen. Pro Liter Saft 300 g Zucker zufügen und unter ständigem Rühren rasch und kräftig aufkochen. Kochend heiß in saubere, ebenfalls kochend heiß ausgespülte Flaschen füllen und verschließen.

HIMBEERTÖRTCHEN

ZUTATEN FÜR 12 STÜCK

Für den Teig

150 g Mehl

100 g blütenzarte Haferflocken

1 TL Trockenhefe

¼ TL Natron

100 g brauner Zucker

1 TL Zimtpulver

50 g Pinienkerne

1 TL Vanillezucker

½ TL abgeriebene Bio-Zitronenschale

1 Ei

250 g Buttermilch

80 ml Öl

Für den Belag

200 g Mascarpone

2 EL Joghurt

1 EL Puderzucker

1 EL beliebiger heller Fruchtsaft

600 g Himbeeren

1 Das Mehl mit den Haferflocken, der Trockenhefe, dem Natron, Zucker, Zimt, den Pinienkernen, dem Vanillezucker und der Zitronenschale in einer Schüssel mischen.

2 Das Ei mit der Buttermilch und dem Öl mit einem Schneebesen kräftig aufschlagen. Zur Mehlmischung gießen und alles mit einem Löffel verrühren.

3 Den Teig in gefetteten Muffinmulden, Obstkuchen- oder Briocheförmchen verteilen und die Törtchen im vorgeheizten Backofen bei 180 °C in etwa 20 Minuten goldbraun backen. Anschließend herausnehmen, in den Formen 10 Minuten ruhen lassen, dann herauslösen und auf einem Kuchengitter abkühlen lassen.

4 Für den Belag den Mascarpone mit dem Joghurt, dem Puderzucker und dem Fruchtsaft in einer Schüssel zu einer glatten Creme verrühren. Die Himbeeren in einer Schüssel mit kaltem Wasser vorsichtig waschen und auf ein Sieb zum Abtropfen geben.

5 Die Creme mit einem Löffel auf den Törtchen verteilen und dann mit den Himbeeren belegen.

SELBST SAMMELN

Ab Juli können Sie wilde Himbeeren im Wald und Gartenhimbeeren in Plantagen pflücken. Damit tun Sie sich nur Gutes: Sie haben erstens Bewegung an der frischen Luft und bekommen dabei zweitens taufrische Früchte mit wunderbarem Aroma. Im Schälchen gekaufte Himbeeren sollten Sie genau ansehen, denn vor allem an heißen Sommertagen kann eine angeschimmelte Beere die anderen verderben.

REISAUFLAUF MIT KIRSCHEN

ZUTATEN FÜR 4 PORTIONEN

¾ l Milch

100 g weiche Butter

100 g brauner Zucker

1 kleines Stück Bio-Zitronenschale

125 g Milchreis

500 g Kirschen oder Sauerkirschen

Butter und Semmelbrösel für die Form

4 Eier

1 TL Vanillezucker

Puderzucker zum Bestreuen

1 Die Milch mit 1 EL Butter, der halben Menge Zucker und der Zitronenschale unter Rühren zum Kochen bringen. Den Reis zugeben, aufkochen und dann zugedeckt bei schwächster Hitze in etwa 25 Minuten weich garen. Den Reis zugedeckt abkühlen lassen, dann die Zitronenschale entfernen.

2 Inzwischen die Kirschen waschen, die Stiele abzupfen und die Kirschen entsteinen. Eine Auflaufform mit etwas Butter ausstreichen und dünn mit Semmelbröseln ausstreuen.

3 Für den Auflaufteig die restliche Butter mit dem restlichen Zucker schaumig rühren. Die Eier trennen und die Eigelbe, den Vanillezucker und den Reisbrei unter die Butter mischen. Das Eiweiß steif schlagen und unterziehen.

4 Den Teig schichtweise mit den Kirschen in die Auflaufform geben. Den Auflauf im vorgeheizten Backofen bei 200 °C in etwa 45 Minuten goldbraun backen und heiß mit Puderzucker bestreut servieren.

SUPERFOOD KIRSCHEN

Schlemmen Sie mit Kirschen während der Monate Juni und Juli: Kirschen sind aufgrund des hohen Gehalts an Kalium sehr wichtig für die Ernährung, denn der Mineralstoff entzieht dem Körper Wasser und gehört deshalb zu den wirksamsten Blutdruck-Senkern. Nach italienischen Untersuchungen können Bluthochdruck-Patienten auf Medikamente verzichten, wenn sie lang und regelmäßig kaliumreiches Obst essen. Sauerkirschen reifen etwas später und verlängern die Saison noch um zwei Wochen. Sauer macht schlank, denn Fruchtsäuren gelten als Fatburner. Außerdem empfiehlt die Volksheilkunde Sauerkirschsaft als harntreibendes Mittel gegen Blasenentzündungen.

Superfood Kakao und Nudeln

Roher Kakao gilt als Superfood schlechthin, vermutlich, weil wir bei Kakao in der Regel an Schokolade denken, die einfach super ist. Roher Kakao enthält das sogenannte *Glückshormon* Serotonin, allerdings in so geringer Konzentration, dass Kakao allein die Stimmung nicht hebt: Um genügend Serotonin ans Gehirn zu schicken, müssten wir so viel Kakao essen, dass uns übel würde. Bedenken Sie auch, dass die beliebten Kakao-Nibs viel Fett enthalten und als Knabbersnack oder zum Frühstücksmüsli auf Dauer eher Probleme als gute Laune machen können. Doch keine Bange: Unser Organismus bildet Serotonin nämlich selbst, und zwar mit Hilfe von Sonnenlicht und Kohlenhydraten. Wenn die Sonne scheint, werden wir munter, weil Licht die Serotoninproduktion ankurbelt. Kohlenhydrate in Getreide, Obst und Müsli erhöhen den Blutzuckerspiegel, sodass die Bauchspeicheldrüse Insulin ausschüttet, um den Zucker abzubauen. Insulin wiederum erhöht die Menge der Aminosäure Tryptophan, aus der unser Körper dann Serotonin »baut«. Das heißt: Kakao *und* Nudeln lassen eine gute Portion Serotonin im Blut kreisen.

KAKAONUDELN MIT RICOTTASAUCE

ZUTATEN FÜR 4 PORTIONEN

Für den Teig

200 g Mehl

3 EL rohes Kakaopulver (etwa 20 g)

1 Prise Salz

1 TL Vanillezucker

1 große Messerspitze Zimtpulver

½ TL abgeriebene Bio-Orangenschale

3 Eier

2 EL Sahne

Für die Sauce

200 g Ricottakäse

6 EL weißer Rum oder Orangensaft

4 EL Kokoscreme (Dose)

2 EL Sahne

125 ml Milch

2 EL Zitronensaft

2 EL Honig

Außerdem

250 g Himbeeren

1 EL Honig

100 g Heidelbeeren

1 EL Erdnussöl

Zitronenmelisse oder Minze zum Garnieren

1 Das Mehl mit dem Kakao, Salz, Vanillezucker, Zimt und der Orangenschale in einer Schüssel mischen. Die Eier und die Sahne in einem Schälchen mit einer Gabel verquirlen und zur Mehlmischung geben. Nun alles zuerst mit der Gabel mischen, bis die Zutaten zusammenhalten. Dann auf der Arbeitsfläche mit den Händen zu einem glatten Teig verkneten. Den Teig in Folie gewickelt 1 Stunde bei Zimmertemperatur ruhen lassen.

2 Inzwischen für die Sauce alle Zutaten in eine Schüssel geben und mit den Quirlen des Handrührgerätes verrühren. Die Sauce bis zum Servieren zugedeckt kühlen.

3 Die Himbeeren in einer Schüssel mit kaltem Wasser waschen und mit dem Honig im Mixer pürieren. Das Püree ebenfalls kühlen. Die Heidelbeeren waschen und bis zum Servieren beiseite stellen.

4 Den Teig in 2 Portionen teilen und jeweils auf der bemehlten Arbeitsfläche oder mit der Nudelmaschine zu einer dünnen Platte ausrollen. Die Platten noch einmal 10 bis 15 Minuten trocknen lassen, dann zu Nudeln schneiden und diese auf der Arbeitsfläche so ausbreiten, dass sie möglichst nicht aneinander haften. Die Nudeln weitere 10 Minuten trocknen lassen und dann in sprudelnd kochendem Wasser mit ½ TL Salz 2 bis 3 Minuten garen.

5 Die Nudeln auf ein Sieb abgießen und kurz abtropfen lassen. Dann in einer Schüssel mit dem Erdnussöl vermischen, auf Portionstellern verteilen und mit der Sauce überziehen. Das Himbeerpüree und die Heidelbeeren auf den Nudeln verteilen, alles mit Zitronenmelisse oder Minze garnieren und sofort servieren.

PORRIDGE MIT GEBRATENEN ÄPFELN

ZUTATEN FÜR 4 PORTIONEN

160 g blütenzarte Haferflocken (→ Tipp unten)
500 ml Wasser
500 ml Milch
1 Prise Salz
1 EL abgeriebene Bio-Zitronenschale
2 mittelgroße Äpfel
2 EL Kokosöl
150 g Joghurt (10 %)
3 EL Zimt-Zucker

1 Die Haferflocken in einem beschichteten Kochtopf mit dem Wasser, der Milch, dem Salz und der Zitronenschale aufkochen. Dann zugedeckt bei schwacher Hitze etwa 10 Minuten sanft köcheln lassen, dabei immer wieder umrühren.

2 Die Äpfel waschen oder schälen, vierteln, vom Kerngehäuse befreien und in Schnitze schneiden. Das Kokosöl in einer Pfanne erhitzen und die Äpfel darin bei mittlerer Hitze braten, bis sie leicht gebräunt sind. Dabei einmal wenden.

3 Porridge von der Kochstelle nehmen, auf Portionsschälchen verteilen, den Joghurt auf die Portionen geben und locker untermischen. Die Äpfel mit dem Bratöl auf dem Porridge anrichten und mit Zimtzucker bestreuen.

SUPERFOOD HAFER

Ernährungswissenschaftler rechnen ihn zu den gesündesten Getreidearten: Porridge und Haferflockensuppe sind ein altes und bewährtes Heilmittel bei Magenschleimhautentzündung und Sodbrennen. Ein Breiumschlag aus zerquetschten Haferflocken hilft bei Hautentzündungen und Juckreiz. Eine bestimmte Gruppe von Ballaststoffen in Hafer beeinflusst den Cholesterinspiegel im Blut: Sie fangen übrig gebliebenes Cholesterin und Gallensäuren ein und transportieren sie aus dem Körper. Da wir Gallensäuren aber für unseren Stoffwechsel brauchen, beginnt die Leber wieder mit der Produktion, und zwar mithilfe des Cholesterins. So kurbeln Ballaststoffe also den Cholesterinverbrauch an und helfen, die Blutfettwerte in einem gesunden Rahmen zu halten. Hafer gilt überdies als Schutz vor Kanzerogenen: Er beschleunigt die Darmpassage und befördert Schadstoffe in der Nahrung rasch wieder nach draußen.

Wie Sie Hafer zubereiten, spielt für Ihre Gesundheit keine Rolle – ob als Flocken im Müsli, ob als Suppeneinlage wie Reis, Eintopf wie Risotto oder im Teig als Frikadelle.

HIMBEERSCHNITTCHEN

ZUTATEN FÜR 12 STÜCKE

500 g Himbeeren

250 g Mehl

2 TL Weinstein-Backpulver

125 g brauner Zucker

1 Prise Salz

4 Eier

200 ml Magerjoghurt

100 ml Wasser

6 EL Öl

2 EL gehackte Mandeln

1 Die Himbeeren in einer Schüssel mit kaltem Wasser waschen, auf ein Sieb zum Abtropfen geben und mit Küchenpapier trockentupfen.

2 Das Mehl mit Backpulver, Zucker und Salz in einer Schüssel mischen. Die Eier mit dem Joghurt, Wasser und Öl in einer anderen Schüssel mit dem Schneebesen kräftig aufschlagen und zum Mehl gießen. Die Himbeeren hinzufügen und alles mit einem Löffel verrühren.

3 Eine rechteckige Backform (etwa 32 mal 36 cm) mit Backpapier auslegen. Den Teig einfüllen, glatt streichen, mit den Mandeln bestreuen und im vorgeheizten Backofen bei 200 °C etwa 30 Minuten backen, bis der Kuchen schön gebräunt ist. Dann lauwarm in Stücke schneiden und servieren.

KOKOS-JOGHURT-EIS MIT MAULBEEREN

Zutaten für 4 Portionen

150 g Sahne
2–3 EL flüssiger Honig
3 EL Kokoscreme
250 g Joghurt (3,8 %)
1 EL Orangenlikör oder Orangensaft
400 g Maulbeeren
Zucker nach Belieben

1 Die Sahne steif schlagen, dann mit dem Honig und der Kokoscreme verrühren. Esslöffelweise den Joghurt untermischen und zuletzt den Likör oder Saft unterrühren.

2 Die Creme entweder in der Eismaschine zu Eiscreme rühren oder in eine Schüssel füllen und zugedeckt in den Gefrierschrank stellen. Hier in etwa 4 Stunden fest werden lassen und dabei etwa alle 30 Minuten kräftig durchrühren, damit das Eis cremig wird.

3 Zum Servieren die Maulbeeren in einer Schüssel mit kaltem Wasser waschen, auf einem Sieb abtropfen lassen und mit Küchenpapier trockentupfen. Das Eis in Portionsschälchen füllen, mit den Maulbeeren belegen und nach Wunsch mit Zucker bestreuen.

SELBST GEMACHTES MÜSLI

ZUTATEN FÜR 20 PORTIONEN

200 g Vollkornhaferflocken

100 g Gerstenvollkornflocken

Je 3 EL Sonnenblumenkerne, Kürbiskerne, gehackte Walnusskerne, Mandelblättchen und Sesamsamen

5 EL Sonnenblumenöl

2–3 EL Honig oder Agavensirup

150 g gemischtes, ungeschwefeltes Trockenobst (Pflaumen, Feigen, Aprikosen, Äpfel)

50 g Korinthen

50 g Cranberrys

1 Die Haferflocken mit den Gerstenflocken, den Kernen, Nüssen, Mandeln und Sesamsamen in einer Schüssel vermischen. Nun das Sonnenblumenöl und den Honig oder Sirup in einem Kochtopf bei schwacher Hitze verrühren, bis sich alles gut miteinander verbunden hat. Diese Mischung über die Flockenmischung träufeln und dabei mit einer Gabel rühren.

2 Diese Müsli-Mischung auf einem Backblech ausbreiten und in den kalten Backofen schieben. Den Ofen auf 150 °C schalten und die Müsli-Mischung etwa 50 Minuten backen, bis sie goldbraun und knusprig ist. Dabei immer wieder mit einer Gabel durchrühren und Klümpchen, die sich eventuell bilden, zerdrücken.

3 Das Blech aus dem Ofen nehmen und das Müsli darauf abkühlen lassen. Dann das Trockenobst fein zerkleinern und mit den Korinthen und den Cranberrys unter das Müsli mischen.

SUPER FÜR DEN VORRAT

Das Müsli hält sich in einem verschlossenen Schraubglas oder einer fest schließenden Dose, kühl und dunkel gelagert, etwa vier Wochen. Zum Essen entnehmen Sie die gewünschten Portionen und mischen sie wie gewohnt mit Milch, Sauermilchprodukten und/oder frischem Obst.

Statt Gelatine

Zu kaufen gibt es das Pulver im Naturkosthandel und in Reformhäusern. Es ist verhältnismäßig teuer, aber äußerst sparsam im Verbrauch und hat etwa die dreifache Gelierkraft von Gelatine, die ja aus tierischem Eiweiß besteht.

Agar-Agar ist neben Pektin und Johannisbrotkernmehl das pflanzliche Geliermittel für die vegetarische Küche. Gewonnen wird das weiße, geschmacksneutrale und geruchlose Pulver aus nährstoffreichen Algen. In Asien, wo Agar-Agar zu den traditionellen Lebensmitteln gehört, gilt es auch als Heilmittel gegen Diabetes und Herzleiden. Die Verwendung ist ganz einfach: Zum Gelieren muss man Agar-Agar 1 bis 2 Minuten kochen, zum Beispiel in Milch, Wasser oder Fruchtsaft. Für kalte Desserts nehmen Sie etwas von der im Rezept angegebenen Flüssigkeitsmenge ab, rühren Agar-Agar darin an, lassen es kochen und mischen es lauwarm unter die kalte Creme, Fruchtgrütze oder Schlagsahne. Lesen Sie vorsichtshalber noch die Gebrauchsanweisung auf der Packung, denn je nach Hersteller können Mengen und Zubereitung von den Angaben im Rezept rechts abweichen.

JOGHURTCREME MIT ROTER GRÜTZE

ZUTATEN FÜR 4 PORTIONEN

Für die Grütze

600 g Kirschen, Sauerkirschen und Beeren gemischt

50 g brauner Zucker

1 EL Speisestärke

250 ml roter Fruchtsaft

1 Stück Bio-Zitronenschale

Für die Creme

1 TL Agar-Agar

125 ml Milch

3 EL Puderzucker

400 g Joghurt (10 %)

1 TL Zitronensaft

2 EL gehackte Mandeln oder Cashewnüsse

1 Das Obst waschen und abtropfen lassen, die Kirschen und Sauerkirschen abzupfen und entsteinen, die Beeren ebenfalls abzupfen.

2 Die Speisestärke und den Zucker mit dem Fruchtsaft in einem Kochtopf glatt rühren. Das Obst und die Zitronenschale zugeben, alles unter Rühren aufkochen und einige Minuten kochen lassen, bis die Grütze dickflüssig ist, dabei ständig rühren. Die Grütze nun abkühlen lassen und die Zitronenschale entfernen.

3 Das Agar-Agar in einem Topf mit der Milch und dem Puderzucker verrühren und einmal aufkochen. Den Topf von der Kochstelle nehmen und die Mischung etwa 5 Minuten abkühlen lassen.

4 Nun den Joghurt und den Zitronensaft zugeben und mit einem Schneebesen kräftig verrühren. Die Creme in Portionsschälchen füllen, die Schälchen abdecken und die Creme etwa 3 Stunden zugedeckt kühlen, bis sie halbfest ist.

5 Zum Servieren auf jede Portion Joghurtcreme 1 EL Rote Grütze setzen und mit gehackten Mandeln oder Cashewnüssen bestreuen. Die restliche Grütze gesondert zur Joghurtcreme servieren.

Grütze können Sie mit allen Früchten kochen, auch mit tiefgefrorenen.

Wichtig ist nur, dass die Früchte reif und süß sind, sonst braucht man zu viel Zucker, und das Aroma leidet darunter.

Superfood Sanddorn

Wie alle Pflanzen mit Dornen gilt auch Sanddorn seit jeher als Schutz gegen böse Geister: Schon in der Antike hängte man Dornenzweige an Fenstern und Türen auf, um Dämonen fernzuhalten. Die moderne Wissenschaft hat die Wirkung bestätigt: Sanddorn vertreibt die »Mini-Dämonen«, die uns mit Erkältung, Fieber und Halsentzündung plagen. Er wirkt nämlich positiv auf unser Immunsystem, und zwar aufgrund der reichlich enthaltenen Carotinoide, die einen Schutzwall gegen freie Radikale bilden. Seit Generationen wird der Saft auch wegen seines hohen Vitamin-C-Gehalts geschätzt: Sanddornsaft und Sirup schmecken im Smoothie, Milchmixgetränk, Müsli und Obstsalat. Wer selbst sammelt und die Beeren einkocht: Ideal zum Süßen sind Honig, Agavensirup, Rohrzucker, Apfel- und Birnenkraut. Als Gewürze eignet sich Exotisches wie Ingwer, Kardamom, Nelken, Vanille und Zimt. Auch Pfeffer und Chili passen ausgezeichnet zu Sanddorn, zum Beispiel in einem Sanddorn-Salatdressing zu Radicchio oder Endivie.

GEBACKENE QUITTEN

ZUTATEN FÜR 4 PORTIONEN

2 reife Quitten
50 g Butter
2 EL Erdbeerkonfitüre
2 EL Sanddornmus
2 EL Agavensirup
½ EL Orangensaft
250 ml Apfelsaft
2 EL Zitronensaft
1 EL brauner Zucker
2 TL Puderzucker zum Bestreuen

1 Die Quitten waschen, halbieren und das Kerngehäuse mit einem Ausstecher so entfernen, dass eine Höhlung entsteht. Eine ofenfeste Form mit etwa ⅓ der Butter ausstreichen und die Quitten hineinsetzen.

2 Die Konfitüre, das Sanddornmus, den Agavensirup und den Orangensaft verrühren und in die Höhlung füllen. Die restliche Butter in Stückchen schneiden und auf den Quitten verteilen. Den Apfelsaft mit Zitronensaft und Zucker mischen und um die Quitten gießen.

3 Die Quitten im vorgeheizten Backofen bei 180 °C in etwa 40 Minuten weich backen. Mit dem Puderzucker bestreuen und heiß servieren.

SUPERFOOD QUITTEN

Als Pektin-Spender sind die kalorienarmen Früchte unübertroffen. Der Ballaststoff ist besonders günstig für die Darmflora und den Cholesterinspiegel, denn er bindet Gallensäuren. Schleimstoffe bringen einen angegriffenen Darm wieder in Ordnung. Bei so viel Wellness-Effekt muss man die herben Früchte auch nicht zuckersüß zubereiten und damit in Energiebomben verwandeln: Quitten schmecken wie Bratäpfel oder als fein-säuerliches Kompott zu Wild und Geflügel.
Quittenbäume gelten übrigens als Symbol verkannter Schönheit: Knorrig der Stamm und die Zweige, graubraun die Rinde, dunkelgrün und ledrig die Blätter. Zart und duftig sind nur die großen weißen oder rosa Blüten, die sich im Juni öffnen. Und die reifen Früchte riechen zwar so köstlich wie die Blüten, doch ein herber Nachgeschmack bleibt trotz der saftigen Süße.

AMARANTHAUFLAUF MIT PFIRSICH

Zutaten für 4 Portionen

125 g Amaranthkörner

400 ml Milch

1 Stück Bio-Zitronenschale

5 reife Pfirsiche

2–3 EL Agavendicksaft

2 EL Orangensaft

100 g weiche Butter

1 EL Vanillezucker

3 Eier

Fett für die Form

1 Den Amaranth mit der Milch und der Zitronenschale aufkochen und zugedeckt bei schwacher Hitze etwa 30 Minuten garen, bis er glasig ist. Dann zugedeckt abkühlen lassen.

2 Die Pfirsiche schälen, halbieren, entsteinen, in Schnitze teilen und nebeneinander in eine gefettete flache Auflaufform legen. Nun mit dem Agavendicksaft und dem Orangensaft beträufeln.

3 Die Butter und den Vanillezucker mit den Quirlen des Handrührgerätes cremig rühren. Zuerst nacheinander die Eier, dann den Amaranthbrei untermischen. Den Teig über den Pfirsichen glatt streichen und den Auflauf im vorgeheizten Backofen bei 200 °C etwa 45 Minuten backen, bis er schön gebräunt ist.

Körner, Mehl, Flocken und Popkorn aus Amaranth bekommen Sie in Reformhäusern und Naturkostläden. Zum Mahlen der Körner brauchen Sie eine Mühle, die auch fettreichen Hafer und Ölsaaten schafft.

Superfood Amaranth

Sie kennen die Pflanze gewiss: Als Schmetterlingsstrauch wächst sie in vielen Gärten und Grünanlagen und nährt Insekten mit ihrem süßen Nektar. Für unsere Ernährung baut man als Körnerfrucht drei Amaranth-Arten an: Gartenfuchsschwanz (Amaranthus caudatus), der sogenannte *Inkaweizen,* wuchs – genau wie die Kartoffel – ursprünglich in den Anden Perus, breitete sich im Norden bis nach Ecuador, im Süden bis Bolivien und Argentinien aus. Grünähriger Fuchsschwanz (Amaranthus hypochondriacus) und Rispenfuchsschwanz (Amaranthus cruentus) stammen aus Mexiko und Guatemala. Schließlich gibt es noch den Gemüseamaranth (Amaranthus tricolor), der bei uns genau wie jedes andere Gemüse wächst. Die Blätter sind reich an Protein und Eisen, schmecken in der Suppe (→ Seite 31) oder mit anderem Gemüse im Wok gebraten.

Die glutenfreien Amaranth-Körner sind echtes Superfood: Die besonders winzigen Stärkemoleküle darin können laut Untersuchungen fünfmal schneller verdaut werden als zum Beispiel Maisstärke. Außerdem nehmen die Körnchen reichlich Wasser auf. Sie pflegen den Darm ähnlich wie Ballaststoffe und sorgen für regelmäßige Verdauung. Das hebt die Stimmung, denn wenn der Bauch keine Probleme macht, fühlt man sich leicht, schlank und fröhlich.

Aprikosenkuchen

Zutaten für 12 Stücke

100 g getrocknete Aprikosen
½ TL Zimtpulver
3 EL Orangensaft
¼ l naturtrüber Apfelsaft
150 g Pflanzenmargarine
100 g brauner Zucker
Abgeriebene Schale von 1 großen Bio-Orange
200 g Weizenvollkornmehl
100 g vollfettes Sojamehl
1 TL Weinstein-Backpulver
Fett für die Form

Zum Verarbeiten gibt es zwei Möglichkeiten: Entweder Sojamehl und Getreidemehl gemischt unter das Fett rühren und zum Schluss die Flüssigkeit zugeben – Wasser oder Saft wie im Rezept oben. Oder Soja und Wasser zu Brei rühren und mit dem Fett schaumig schlagen.

1 Die Aprikosen in Stücke schneiden, mit dem Zimtpulver, dem Orangensaft und der halben Menge Apfelsaft mischen und zugedeckt 3 Stunden ziehen lassen. Nun auf ein Sieb abgießen, die Flüssigkeit auffangen und mit dem restlichen Apfelsaft mischen.

2 Die Margarine schmelzen und etwas abkühlen lassen, dann mit dem Zucker und der Orangenschale schaumig rühren.

3 Das Mehl mit Sojamehl und Backpulver gemischt unterrühren und dabei die Saftmischung zugießen. Den Teig mit den Aprikosen mischen und in einer gefetteten runden Backform glatt streichen. Den Kuchen im vorgeheizten Backofen bei 200 °C etwa 35 Minuten backen.

Vegan backen

Lockeren, geschmeidigen Hefeteig für süßes Gebäck kneten Sie mit Pflanzenmargarine. Quark-Öl-Teig bereitet man immer ohne Ei zu, und den Quark ersetzt man durch Tofu, den man mit Sojadrink püriert. Anstelle von Butter nimmt man Kokosöl oder Pflanzenmargarine, statt Milchprodukten wählt man Milch, Joghurt oder Sahne aus Soja. Auch Kokoscreme ist ein köstlicher Ersatz für Sahne. Und Backen ohne Eier ist ganz einfach: Mürbeteig wird ohne Eier sogar noch knuspriger, Rührteig gelingt mit Sojamehl genauso gut wie mit Eiern, und der Aprikosenkuchen ist das Grundrezept dazu. Goldgelbes, vollfettes Sojamehl aus dem Naturkostladen oder Reformhaus ersetzt im Teig die Eier, denn genau wie Eigelb enthält es Lecithin, das die Teigzutaten bindet und den Kuchen lockert. Pro Ei rechnet man 25 g Sojamehl und 50 ml kaltes Wasser, pro Eigelb 1 EL Sojamehl und 2 EL Wasser.

HOLUNDERTÖRTCHEN

Zutaten für 6 Stück

100 g Holunderbeeren (etwa 2 Dolden)

60 g natives Kokosöl

250 g Mehl

2 gestrichene EL Speisestärke

2 TL Weinstein-Backpulver

100 g brauner Zucker

½ TL abgeriebene Bio-Zitronenschale

1 Ei

300 g Dickmilch

75 ml Milch

½ Vanilleschote

2 EL brauner Zucker

1 Die Holunderbeeren in einer Schüssel mit kaltem Wasser waschen, vorsichtig auf ein Sieb abgießen und abtropfen lassen. Das Kokosöl schmelzen (→ Seite 175).

2 Das Mehl mit Speisestärke, Backpulver, Zucker und Zitronenschale in einer Schüssel mischen. Das Ei mit Dickmilch, Milch und dem flüssigen Kokosöl mit einem Schneebesen kräftig verrühren. Die Mehlmischung zugeben und mit einem Löffel unterrühren.

3 Den Teig in die Mulden eines Minikuchenblechs füllen (→ Tipp). Mit einem Löffel in jedes Törtchen eine Längsrille drücken. Die Holunderbeeren darin verteilen und mit dem Löffel etwas in den Teig drücken.

4 Die Vanilleschote mit einem kleinen spitzen Messer längs aufschneiden, das Mark herauskratzen, mit dem braunen Zucker mischen und die Törtchen damit bestreuen. Die Törtchen im vorgeheizten Backofen bei 200 °C etwa 45 Minuten backen. Dann gerade eben abgekühlt mit Schlagsahne servieren.

Die Mulden des Minikuchenblechs müssen Sie mit Streifen von Backpapier auslegen, damit Sie die fertigen Törtchen leicht herausheben können.

Holunder vorbereiten

Holunderdolden schwenkt man wie andere empfindliche Früchte in einer Schüssel mit kaltem Wasser und legt sie zum Abtropfen auf ein Sieb. Erst dann streift man die Beeren vorsichtig mit einer Gabel ab.

BROMBEERAUFLAUF

Zutaten für 4 Portionen

3 EL Butter

500 g Brombeeren

1 Vanillestange

150 g Mehl

1 Messerspitze Zimtpulver

1 Prise Salz

3 mittelgroße Eier

2 EL Sahne

2 EL flüssiger Honig

½ l Milch

1 EL brauner Zucker zum Bestreuen

1 Die Butter zerlassen und dabei ganz leicht bräunen. Eine flache Gratinform mit etwa 1 EL davon ausstreichen. Die Brombeeren in einer Schüssel mit kaltem Wasser vorsichtig waschen, dann auf ein Sieb geben und abtropfen lassen.

2 Die Vanillestange der Länge nach aufschneiden und das Mark herauskratzen. Das Mehl mit dem Vanillemark, dem Zimt und dem Salz in einer großen Schüssel mischen und in die Mitte des Mehls eine Mulde drücken.

3 Die Eier mit der Sahne und dem Honig verquirlen und in die Mulde gießen. Die restliche Butter hinzufügen und alles mit dem Mehl verrühren. Die Milch langsam dazugießen und dabei mit den Quirlen des Handrührers rühren, bis ein glatter Teig entstanden ist.

4 Den Teig in die gefettete Form gießen und die Brombeeren darauf verteilen. Den Auflauf mit dem braunen Zucker bestreuen, in den vorgeheizten Backofen schieben und bei 200 °C in etwa 40 Minuten goldbraun backen.

Superfood Brombeeren

Erstens stecken die schönen blauen Sommerfrüchte voller Anthocyane (→ Seite 25), die unsere Venen gesund erhalten, weil sie die Durchblutung verbessern. Zweitens sind Brombeeren reicher an Ballaststoffen als andere Obstarten: Diese unverdaulichen Nahrungsteile werden im Darm von Bakterien verwertet und zu Substanzen mit sanft abführender Wirkung fermentiert. Und dann gehören sie auch noch zu den Früchten mit ziemlich viel Eiweiß – Grund genug, Brombeeren während der kurzen Saison im August und September möglichst oft zu essen.

CRANBERRYKUCHEN

ZUTATEN FÜR 12 STÜCKE

300 g frische Cranberrys

100 g Butter

4 EL brauner Zucker

2 Eier

200 g Weizenvollkornmehl

Abgeriebene Schale von 1 großen Bio-Orange

1 EL Vanillezucker

½ Päckchen Weinstein-Backpulver

1 Prise Salz

Fett für die Form

1 Die Cranberrys waschen, auf einem Sieb abtropfen lassen und noch mit Küchenpapier trockentupfen.

2 Die Butter und den Zucker mit den Quirlen des Handrührgerätes schaumig rühren. Dann die Eier unterrühren.

3 Das Mehl mit Orangenschale, Vanillezucker, Backpulver und Salz gemischt zugeben und zu einem glatten Teig verrühren.

4 Den Teig mit den Cranberrys mischen und in einer gefetteten Kastenform glatt streichen. Den Kuchen im vorgeheizten Backofen bei 200 °C etwa 35 Minuten backen. Aus dem Ofen nehmen, in der Form 10 Minuten ruhen lassen, dann zum Abkühlen auf ein Kuchengitter legen.

Frische Cranberrys gibt es im Herbst, doch der Kuchen schmeckt auch mit getrockneten Früchten.

SUPERFRÜCHTCHEN

Cranberrys helfen genau wie Preiselbeeren bei Harnwegsinfektionen: In klinischen Studien wurde diese Anti-Infekt-Wirkung nachgewiesen. Vermutlich enthalten die Beeren chemische Verbindungen, die schädliche Darmbakterien daran hindern, sich an der Harnblasenwand einzunisten.

Mit Cranberrys können Sie auch das Immunsystem stärken: Pro Portion etwa 100 g frische Cranberrys waschen und mit 1 geschälten Saftorange im Mixer pürieren. Mit Honig nach Geschmack süßen und mit einem Teelöffel langsam essen. Das Mus schmeckt ausgezeichnet, befeuchtet den Organismus und versorgt Sie mit einer geballten Portion Vitamin C.

KÜRBISKUCHEN

ZUTATEN FÜR 12 STÜCKE

500 g roter Hokkaido-Kürbis (ohne Kerne)

2 mittelgroße Äpfel

80 g Butter

500 g Joghurt

4 EL Kokoscreme

3 Eier

125 g brauner Zucker

1 TL abgeriebene Bio-Zitronenschale

2 EL Zitronensaft

250 g Weizenvollkornmehl

150 g Erdmandelmehl

2 TL Weinstein-Backpulver

Saft von ½ Zitrone

Fett für das Blech

2 EL Zimt-Zucker zum Bestreuen

1 EL Butter zum Belegen

1 Den Kürbis waschen und trockentupfen. Etwa ⅓ davon in dünne Schnitze teilen, den Rest im Mixer zerkleinern. Die Äpfel vierteln, schälen und vom Kerngehäuse befreien. Die Butter zerlassen.

2 Den Joghurt mit der Kokoscreme, den Eiern, dem Zucker, der Zitronenschale, dem Zitronensaft und der flüssigen Butter in einer Schüssel mit einem Schneebesen kräftig verrühren. Vollkornmehl, Erdmandelmehl und Backpulver mit dem zerkleinerten Kürbis mischen, zur Joghurtcreme geben und alles mit zwei Löffeln verrühren.

3 Den Teig auf einem gefetteten Backblech glatt streichen, mit den Kürbisschnitzen und den Äpfeln belegen, mit Zitronensaft beträufeln und mit Zimt-Zucker bestreuen. Im vorgeheizten Backofen bei 200 °C etwa 30 Minuten backen. Nun die Butter in kleine Stücke schneiden, den Kuchen damit belegen und noch 15 Minuten backen.

SUPERFOOD ERDMANDEL

Erdmandeln (→ rechts) gibt es im Reformhaus und Naturkosthandel. Sie sind reich an Fett mit der essenziellen Linolsäure. Außerdem enthalten sie reichlich Stärke und eignen sich deshalb gut für Kuchenteig. Ihr Eiweißgehalt von etwa 7 Prozent ist geringer als der von Getreide.

Interessant ist der Inhaltsstoff *Rutin,* der auch in Buchweizen (→ Seite 146) vorkommt: Dieses Flavonoid schützt die Blutgefäße, fördert die Durchblutung, macht die Venen elastisch, wirkt entzündungshemmend und antioxidativ.

Eigenbau von Erdmandeln

Die Knöllchen bekommen Sie in Samengärtnereien und Online-Shops, die sich auf traditionelles Gemüse spezialisiert haben.

Sie gelten als Exoten, mögen aber auch unser Klima: Erdmandeln (Cyperus esculentus) können Sie selbst anbauen, und zwar am besten in großen Blumentöpfen. Denn Erdmandeln gehören nämlich genau wie Topinambur (→ Seite 88) zu den invasiven Pflanzen, die im Beet alles zuwuchern und praktisch nicht zu jäten sind. Im Topf dagegen können sie nicht ausbüchsen, weil sie sich bei uns nicht durch Samenflug, sondern über die süßen, nussartigen Früchte an den Wurzeln vermehren. Und diese gelten nicht nur bei Menschen, sondern auch bei Mäusen als Superfood, sodass die kleinen Nager gern Erdmandelpflanzen in Beeten oft Ratzeputz »abernten«. Ein weiterer Grund für den Topf: Erdmandelernte im Beet ist wegen der kleinen Früchte ziemlich mühsam, während die Topfpflanze einfach auf Folie gekippt wird, damit man die Mandeln absammeln kann.

Carobwaffeln mit Erdbeeren

Zutaten für 4 Portionen

400 g Erdbeeren
200 g Sahne
1 EL Vanillezucker

Für die Waffeln
50 g Carob-Schokolade
250 g Mehl
2 gestrichene EL Carobpulver
½ TL Trockenhefe
¼ TL Zimtpulver
1 Prise abgeriebene Muskatnuss
½ TL abgeriebene Bio-Zitronenschale
1 Prise Salz
100 g weiche Butter
1 EL brauner Zucker
3 Eier
300 ml Milch
Öl oder Butterschmalz zum Backen
Eventuell Honig zum Beträufeln

1 Die Erdbeeren waschen, trockentupfen und abzupfen, große Früchte halbieren oder vierteln. Die Sahne mit dem Vanillezucker steif schlagen.

2 Carob-Schokolade raspeln oder reiben und in einer Schüssel mit dem Mehl, dem Carobpulver, der Trockenhefe, mit Zimt, Muskat, Zitronenschale und Salz mischen.

3 Die Butter mit dem Zucker schaumig rühren und dann nacheinander die Eier beimengen. Die Mehlmischung in zwei bis drei Portionen unterrühren und zuletzt die Milch untermischen.

4 Die Backflächen des Waffeleisens fetten. Pro Waffel etwa 2 EL Teig darin 3 bis 4 Minuten backen. Die Waffeln heiß mit den Erdbeeren und der Schlagsahne anrichten und eventuell noch mit Honig beträufeln.

Superfood Carob

Carob gewinnt man aus den Schoten des Johannisbrotbaumes. Das hell- bis dunkelbraune Pulver wird in der Naturküche als Ersatz für Kakao verwendet: Es enthält viel weniger Fett als Kakao, liefert Vitamine, Mineralstoffe und etwa 7 Prozent Ballaststoffe. Durch den hohen natürlichen Zuckergehalt schmeckt Carob angenehm süß. An der Farbe des Pulvers erkennen Sie die Geschmacksnuancen: hellbraunes Carob schmeckt wie Karamell, dunkleres wie Malz und dunkelbraunes ähnlich wie Kakao. Schokolade aus Carob lässt sich nicht wie normale Schokolade schmelzen. Deshalb wird sie gehackt oder geraspelt und dann unter den Teig für Waffeln, Kuchen, Muffins oder Kekse gemischt.

ZWETSCHGENPFANNKUCHEN

Zutaten für 2 Portionen

150 g Mehl

1 Prise Salz

1 TL abgeriebene Bio-Zitronenschale

3 Eier

Knapp 250 ml Milch

Etwa 500 g Zwetschgen

4 EL Zimt-Zucker

Öl zum Backen

Achtung: Nicht zu viele Pflaumen auf einmal essen, sonst könnte der Darm erst recht streiken.

1 Das Mehl in einer Schüssel mit Salz, der Zitronenschale und den Eiern verrühren. Die Milch langsam dazugießen und untermischen. Den Teig nun zugedeckt bei Zimmertemperatur 30 Minuten ruhen lassen.

2 Inzwischen die Zwetschgen waschen, halbieren und entsteinen. Die Fruchthälften noch einmal tief ein-, aber nicht durchschneiden.

3 In einer großen beschichteten Pfanne etwa 2 EL Öl erhitzen. Die Hälfte des Teigs in die Pfanne geben und rasch mit den Zwetschgen belegen. Die Zwetschgen mit 1 EL Zimt-Zucker bestreuen und den Pfannkuchen nun zugedeckt bei schwacher Hitze etwa 7 Minuten backen, bis die Zwetschgen weich sind.

4 Den Pfannkuchen in Portionsstücke teilen und heiß aus der Pfanne servieren, dabei mit 1 weiteren EL Zimt-Zucker bestreuen. Aus dem Rest der Zutaten den zweiten Pfannkuchen backen.

Superfood Zwetschgen und Pflaumen

Zwetschgen und Pflaumen stecken voller Anthocyane (→ Seite 25) und sorgen für eine gesunde Verdauung: Wer keine Beschwerden hat, sondern den Darm nur pflegen will, isst regelmäßig ein oder zwei frische oder getrocknete Früchte klein geschnitten im Müsli oder Porridge. Fürs eilige Frühstück tut es gewöhnlich auch ein Gläschen Pflaumensaft. Bei Verstopfung helfen zwei Trockenpflaumen, die Sie abends in Wasser einweichen und morgens mit dem Müsli, Porridge oder im Joghurt mischen. Das Einweichwasser trinken Sie auf nüchternen Magen.

Gesundheitsregister

Gesundheitsregister (Fortsetzung)

Rezeptregister

Rezeptregister (Fortsetzung)